À LA DÉCOUVERTE DU CANADA

La Grande Guerre

ROBERT LIVESEY et A.G. SMITH

PLAINES

Tous droits réservés.
Texte © 2006 Robert Livesey • Illustrations © 2006 A.G. Smith
Version anglaise © Fitzhenry & Whiteside
Version française © Éditions des Plaines, 2010 • ISBN : 978-2-89611-072-8

Aucune partie de ce livre ne peut être reproduite ou transmise sous aucune forme ou par quelque moyen électronique ou mécanique que ce soit, par photocopie, par enregistrement ou par quelque forme d'entreposage d'information ou système de recouvrement, sans la permission écrite de l'éditeur.

Les Éditions des Plaines remercient le Conseil des Arts du Canada et le Conseil des Arts du Manitoba du soutien accordé dans le cadre des subventions globales aux éditeurs et reconnaissent l'aide financière du ministère du Patrimoine canadien (PADIÉ) et du ministère de la Culture, Patrimoine et Tourisme du Manitoba, pour leurs activités d'édition.

Nous remercions le gouvernement du Canada de son soutien financier pour nos activités de traduction dans le cadre du Programme national de traduction pour l'édition du livre.

Catalogage avant publication de Bibliothèque et Archives Canada

Livesey, Robert, 1940-
La grande guerre / Robert Livesey ; illustrateur, A.G. Smith.

(À la découverte du Canada)
Comprend un index.
Traduction de: The Great War.
ISBN 978-2-89611-072-8

    1. Guerre mondiale, 1914-1918--Canada--Ouvrages pour la jeunesse. 2. Guerre mondiale, 1914-1918--Campagnes et batailles--Ouvrages pour la jeunesse. 3. Guerre mondiale, 1914-1918--Canada--Biographies--Ouvrages pour la jeunesse. I. Smith, A. G. (Albert Gray), 1945- II. Titre. III. Collection:°Livesey, Robert, 1940- . À la découverte du Canada.

D547.C2L5914 2010   j940.3'71   C2010-905549-7

Dépôt légal 2010 :
Bibliothèque nationale du Canada
Bibliothèque provinciale du Manitoba et Bibliothèque nationale du Québec.

Éditions des Plaines
C.P. 123 Saint-Boniface (Manitoba) Canada R2H 3B4
Tél. : 204 235 0078 • admin@plaines.mb.ca • www.plaines.ca

Mise en page : Relish Design Studio
Traduction : Marie-Hélène Duval
Édition : Huguette Le Gall • Publication : Joanne Therrien
Révision : Jean-Marie Taillefer, Brigitte Girardin

Imprimé au Canada par Friesens Corporation sur du papier 100 % recyclé et certifié FSC pour les pages intérieures.

 Sources Mixtes
Cert no. SW-COC-001271
© 1996 FSC

Bénéfices pour l'environnement

Les Éditions Des Plaines a économisé les ressources suivantes en imprimant les pages de ce livre sur du papier sans chlore fabriqué avec 100 % de déchets postconsommation (DPC).

Arbres	Eau	Déchets solides	Gaz à effet de serre
8 matures	3483 gallons	211 livres	723 livres

 Calculs effectués à partir des recherches de Environmental Defense et de Paper Task Force. Fabriqué par Friesens Corporation.

Aux anciens combattants, avec toute mon affection,
mes grands-oncles Allen Harts,
et Edward Chope Bate,
et mes cousins Shelvey, Clifton, Quinton, Elizabeth et Andrea.

Un merci tout particulier au docteur James Pauff; à mesdames Josie Hazen et Linda Biesenthal; ainsi qu'à M. Ian Unwin, Mme Chunthia Perry et M. Chad Martin, conservateur du Canadian Warplane Heritage Museum d'Hamilton, en Ontario; et aux bibliothécaires de la bibliothèque municipale de Mississauga, de la bibliothèque municipale d'Oakville et de la bibliothèque de l'université de Windsor.

Dans la même collection :

Les Vikings
La traite des fourrures
La Nouvelle-France
Les Premières nations
Les défenseurs
Le chemin de fer
Les loyalistes
Les rebelles
L'héritage noir

Table des matières

Introduction   1

CHAPITRES

1. Assassinat :
   Archiduc Franz Ferdinand et la Main noire   3
2. Front ouest :
   Raymond Brutinel, Andrew McNaughton et autres   7
3. Front est :
   Joe Boyle, Lawrence d'Arabie et autres   26
4. Front intérieur :
   Beth Smellie, Mabel Adamson, Mata Hari et autres   36
5. Sous-marins et cuirassés :
   Amiral Jellicoe, amiral Scheer et autres   47
6. As de l'aviation :
   Billy Bishop, Billy Barker et autres   57
7. Les dernières années :
   Julian Byng, Arthur Currie et autres   70

Index   89

Introduction

Certains disent qu'on ne résout rien par les poings. D'autres affirment qu'il faut se tenir debout et défendre ses droits face aux menaces ou à l'intimidation.

La plupart des gens reconnaissent qu'il ne faut se battre qu'en dernier recours, et uniquement après avoir essayé tous les moyens pacifiques de régler le problème. Les conflits peuvent entraîner des blessures horribles et des décès tragiques. Seuls les imbéciles choisissent de se battre inutilement.

Avant la Grande Guerre de 1914, les pays d'Europe se comportaient comme des gamins dans une cour d'école. Certains étaient les intimidateurs, ceux qui ne songent qu'à se battre pour dominer les autres ou s'emparer de leurs biens. Mais il n'y avait pas d'enseignant ou de directeur pour s'occuper d'eux. Les pays les plus forts et les plus grands pouvaient se défendre, mais un grand nombre étaient trop petits et trop faibles.

Les intimidateurs s'en prennent rarement à ceux de la même taille ou de la même force qu'eux. Ils ont tendance à s'attaquer à un individu plutôt qu'à un groupe. Il arrive que les amis, plutôt que les personnes en position d'autorité, soient plus en mesure d'apporter une protection contre l'agresseur. Un groupe d'amis procure la sécurité.

En 1914, les pays d'Europe avaient conclu des accords, des traités et des alliances entre eux en vue de se défendre les uns les autres. Si un pays se faisait attaquer, ses alliés lui venaient en aide. Les petits pays dépendaient des plus grands pour leur protection, et ces derniers se sentaient plus en sécurité s'ils appartenaient à une alliance. En 1914, le monde était en grande partie composé de pays rivaux toujours sur le pied de guerre.

Le Canada s'était engagé à soutenir la Grande-Bretagne. Plus de 600 000 Canadiens se sont battus durant la Grande Guerre. Près de la moitié y ont trouvé la mort ou sont revenus blessés.

CHAPITRE 1 *Assassinat*

Archiduc Franz Ferdinand et la Main noire

La Grande Guerre, ou Première Guerre mondiale, éclate en 1914 après l'assassinat de l'archiduc Franz Ferdinand, héritier du trône d'Autriche-Hongrie, un immense empire auquel appartient la province de Bosnie. L'événement se passe à Sarajevo, la capitale de la Bosnie où l'archiduc s'est rendu avec son épouse Sophie pour inspecter les troupes autrichiennes en garnison dans la province.

Juste avant l'attentat, les tensions étaient grandes entre l'Autriche et son pays voisin, la Serbie. La Serbie souhaitait étendre son territoire et l'Autriche craignait qu'elle tente de s'emparer de la Bosnie où vivaient de nombreux Serbes. De janvier 1913 à juin 1914, l'armée autrichienne aurait souhaité attaquer la Serbie à de nombreuses reprises. Pour bien montrer sa puissance, elle poste 70 000 soldats en manœuvre en Bosnie.

La Main noire / *Black Hand*

Cette organisation terroriste créée en 1911 a pour objectif d'unir tous les Serbes. Le 28 juin 1914, un cortège de voitures descend la rue principale de Sarajevo.

L'archiduc et Sophie, qui prennent place dans une voiture ouverte, ont été avertis qu'un complot se tramait en vue de les assassiner. On a posté 120 policiers en arme dans les rues. Six terroristes de la Main noire armés de fusils et de bombes attendent le long de la route l'occasion d'assassiner le couple princier.

Attaque terroriste
Au moment où le cortège arrive à l'Hôtel de Ville, un terroriste du nom de Cabrinovic lance une bombe qui rebondit sur la voiture de l'archiduc et fait sauter celle qui la suit. Le chauffeur du couple princier accélère aussitôt pour s'en éloigner.

L'archiduc lui ordonne de modifier le trajet prévu. Le chauffeur, affolé, tourne dans une rue étroite. Le général Potiorek, gouverneur de Bosnie, se trouve également dans la voiture de l'archiduc. Il crie au chauffeur de faire demi-tour. C'est à ce moment qu'un autre terroriste, Gavrilo Princip, qui se trouve là tout à fait par hasard, court vers la voiture et, en grimpant sur la barre de frottement, tire à bout portant avec son pistolet. La première balle se loge dans le cou de Franz Ferdinand. La deuxième, destinée au général, atteint Sophie au ventre. Ferdinand et son épouse meurent presque sur le coup.

Les alliances
L'attentat réussi contre le couple princier est l'étincelle qui met le feu aux poudres. Étant donné que les assassins sont des terroristes serbes, l'Autriche déclare la guerre à la Serbie le 28 juillet 1914. La Serbie est un pays ami de la Russie qui mobilise son armée pour lui venir en aide. La France se prépare également à combattre aux côtés de son amie, la Russie. La France et l'Allemagne sont ennemies depuis les années 1870, soit depuis que l'Allemagne s'est emparée des provinces françaises de l'Alsace et de la Lorraine. L'Allemagne vient en aide à son amie l'Autriche-Hongrie en déclarant la guerre à la Russie, le 1er août, et à la France le 3 août.

L'Allemagne envahit un petit pays neutre, la Belgique, parce que c'est la meilleure route pour aller attaquer la France. La Grande-Bretagne, qui a signé un traité avec la Belgique, déclare la guerre à l'Allemagne le 4 août 1914. Le Canada et les autres pays du Commonwealth comme l'Australie, l'Inde et l'Afrique du Sud font partie de l'Empire britannique. Ils entrent en guerre pour soutenir la Grande-Bretagne.

Les cinq grands pays à avoir déclenché la guerre sont tous riches et puissants. Ils sont tous de grands producteurs d'acier et disposent d'un vaste réseau de transport ferroviaire.

On appelle l'Allemagne et l'Autriche-Hongrie les puissances centrales. La France, la Russie et la Grande-Bretagne sont les puissances alliées. La France, l'Allemagne et la Grande-Bretagne règnent chacune sur un empire d'envergure internationale qui leur fournit les matières premières et un soutien militaire. Au début, les puissants États-Unis restent neutres, mais fournissent des armes, de la nourriture et d'autres produits aux puissances alliées.

La Grande-Bretagne dispose de la marine la plus puissante. L'Allemagne jouit également d'une armée et d'une marine puissantes, et possède des sous-marins. L'armée russe est immense, mais archaïque.

La Grande Guerre

Puissances alliées

Empire russe (jusqu'à 1917)
France
Empire britannique *
Italie (à partir de 1915)
Roumanie (à partir de 1916)
États-Unis (à partir de 1917)
Serbie
Portugal (à partir de 1916)
Chine (à partir de 1917)
Japon
Belgique
Monténégro (jusqu'à 1916)
Grèce (à partir de 1917)

Puissances centrales

Empire germanique
Autriche-Hongrie
Empire ottoman
Bulgarie (à partir de 1915)

* Les pays suivants faisaient partie de l'Empire britannique :
Canada
Terre-Neuve (ne faisait pas partie du Canada en 1914)
Australie
Nouvelle-Zélande
Afrique du Sud
Inde

CHAPITRE 2
Front ouest

Raymond Brutinel, Andrew McNaughton et autres

La Grande Guerre devait durer six semaines, mais elle s'enlisera dans les tranchées boueuses du front ouest et s'éternisera pendant quatre longues années dévastatrices. C'est le premier conflit mondial où entre en jeu l'armement moderne comme les chars d'assaut, les avions, les sous-marins et les mitrailleuses, tout en continuant de faire appel à des tactiques et de l'équipement archaïques comme le sabre et les charges de cavalerie.

Invasion par l'Allemagne

Les Allemands planifient de capturer Paris et de forcer les Français à se rendre. La route la plus rapide passe par la Belgique, pays neutre. Le roi de la Belgique ralentit les puissantes forces allemandes avec sa petite armée qui résiste pendant 10 jours au siège de Liège, ville qui contrôle une passe étroite de 20 km.

Première bataille de Mons et Le Cateau (août 1914)

L'invasion de la Belgique provoque l'entrée des Britanniques en guerre. L'armée britannique* de 100 000 soldats, commandée par le feld-maréchal sir John French, arrive en France à la mi-août. Le général Douglas Haig commande le premier corps et le général Horace Smith-Dorrien le deuxième. Ils font face à l'armée allemande lors de la première bataille de Mons, le 23 août 1914. Les Allemands forcent les armées britanniques et françaises à battre en retraite. Le 26 août, l'armée allemande, plus imposante, rejoint le 2ᵉ corps de Smith-Dorrien au Cateau. Après six heures de combat, 9 000 Allemands et 8 000 Britanniques ont été tués ou blessés.

---

* Plus tard les Britanniques mettront sur pied la première et la deuxième armée pour remplacer leurs deux corps d'armée et finiront pas se doter de six armées à mesure que le conflit se prolonge.

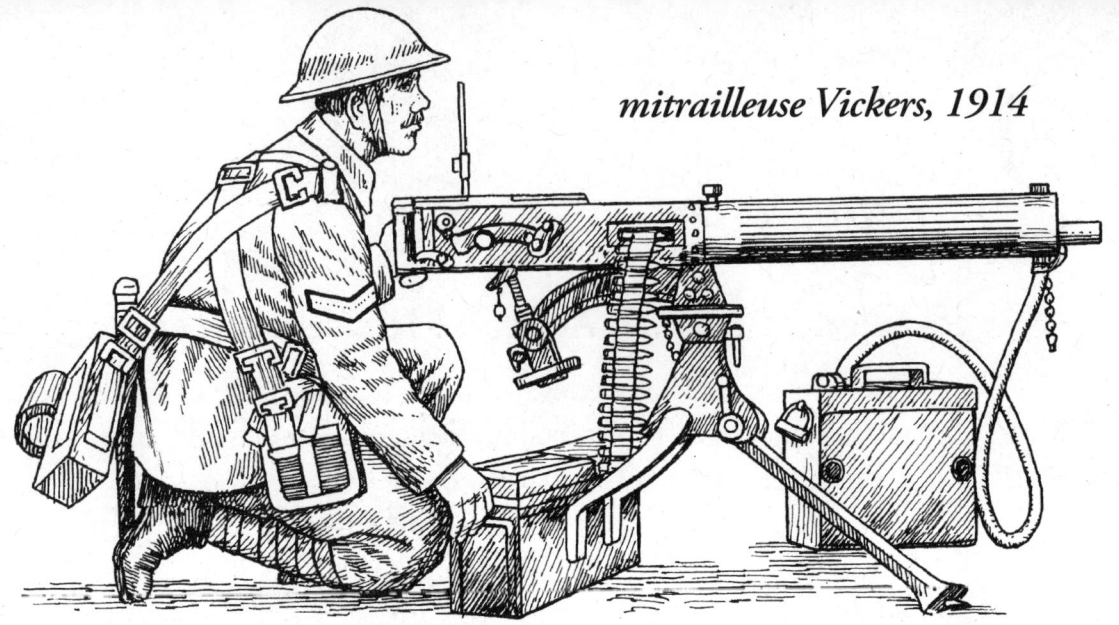

mitrailleuse Vickers, 1914

Bataille de la Marne (septembre 1914)
Après la bataille du Cateau, les Français et les Britanniques continuent de battre en retraite. En septembre, les Allemands s'approchent de Paris, mais les forces alliées les arrêtent à la Marne. C'est au tour des Allemands de reculer.

Première bataille d'Ypres (octobre 1914)
En octobre, les Britanniques repoussent les Allemands vers le nord, jusque dans les Flandres. Les deux camps s'affrontent à Ypres, mais aucun ne parvient à déloger l'autre. La ligne de front européenne s'allonge jusqu'à atteindre 765 km, de la frontière suisse jusqu'à la mer du Nord.

Guerre des tranchées
Pris dans une impasse, les soldats des deux camps creusent le sol comme des taupes pour se protéger des bombardements. Ces tranchées constitueront le champ de bataille pendant quatre ans.

Les opposants se font face, séparés par un terrain désert, le « no man's land ». Si une recrue jette ne serait-ce qu'un coup d'œil au-dessus du rebord de la tranchée, elle

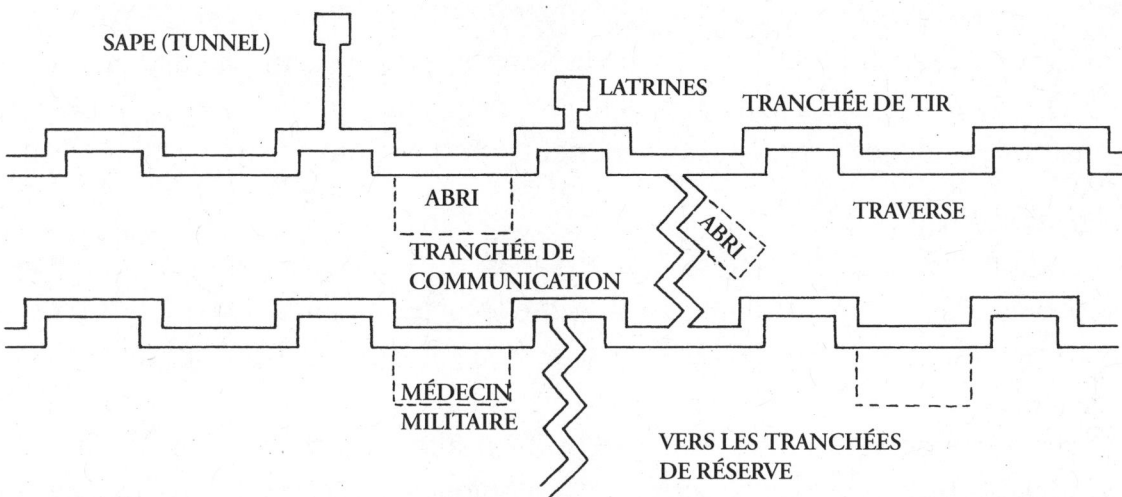

risque de se faire abattre par un franc-tireur, un mitrailleur ou un obus d'artillerie. Les soldats empilent des sacs de sable devant les tranchées pour se protéger. Une tranchée moyenne mesure un mètre de largeur sur deux mètres de profondeur.

Il arrive qu'on s'élance hors de sa tranchée pour traverser le no man's land et aller capturer une tranchée ennemie. Un grand nombre de fantassins trouvent ainsi la mort sous les tirs de fusils. Ceux qui parviennent à la tranchée ennemie se battent en corps à corps au couteau, à la baïonnette ou à mains nues. Des deux côtés, on commence alors à dérouler d'interminables barbelés devant les tranchées pour empêcher ces assauts.

On améliore la construction des tranchées en les renforçant avec du bois et du fer. Les tranchées arrière servent à l'entreposage des ravitaillements et aux communications. Elles suivent un parcours en zigzag. La capture d'une tranchée ne met pas les autres en danger. Les pluies froides inondent les tranchées des Flandres. Les soldats pataugent dans l'eau et dans la boue jusqu'aux genoux. Après avoir été imbibés par des torrents de pluie, leur uniforme, leurs bas et leurs bottes gèlent dans les tempêtes de neige hivernales.

La boue grasse, les latrines creusées à la main et les dépouilles déchiquetées par les obus d'artillerie attirent les mouches, les puces, les poux et les rats. La maladie sévit.

Les soldats passent 10 jours sur la ligne de front au péril de leur vie, puis retournent dans les tranchées de soutien. Ils marchent ensuite jusqu'à un cantonnement de repos, prennent une douche et enfilent des vêtements propres avant de retourner au front.

Le régiment Princess Pats

Le Canada entre en guerre le 4 août 1914, dès le moment où la Grande-Bretagne déclare la guerre. Les Canadiens envahissent les rues, chantent et brandissent des drapeaux en faveur de la guerre. Le Canada ne compte que 3 000 soldats, mais dispose de 75 000 miliciens.

Le premier ministre Robert Borden et son ministre de la défense et de la milice, Sam Hughes, entrent en action. Sam, qui a été soldat avant de devenir politicien, a vu le jour à Darlington, en Ontario, en 1853. Il s'est engagé dans la milice à 13 ans. À 18 ans, il combat les envahisseurs fenians des É.-U. Le colonel Hughes, qui a servi dans la Guerre des Boers, est un homme déterminé et patriotique.

Il crée une nouvelle unité de milice appelée Princess Patricia's Canadian Light Infantry* ou Princess Pats. Les 32 000 volontaires s'embarquent pour l'Angleterre, impatients de voir de l'action. La plupart sont des anciens combattants de l'armée britannique. Ils traversent outre-mer en octobre, s'entraînent en Angleterre et se retrouvent sur les champs de bataille six mois plus tard.

La nouvelle force comprend la brigade de mitrailleuses motorisées, le régiment Royal Canadian Horse Artillery et deux régiments de cavalerie.

Corps d'armée canadiens

Les corps d'armée canadiens se multiplieront jusqu'à compter quatre divisions, la 1re, 2e, 3e et 4e. La 5e division, stationnée en Angleterre, servira surtout à remplacer les morts. Le commandant est un officier britannique, le général Edwin Alderson.

Après le régiment Princess Pats, les volontaires qui s'engagent proviennent de tous les milieux de vie : médecins, avocats, ouvriers, fermiers, pêcheurs, mineurs, sans

---

* Le bataillon d'infanterie légère porte le nom de la fille du gouverneur général du Canada, qui est la petite-fille de la reine Victoria.

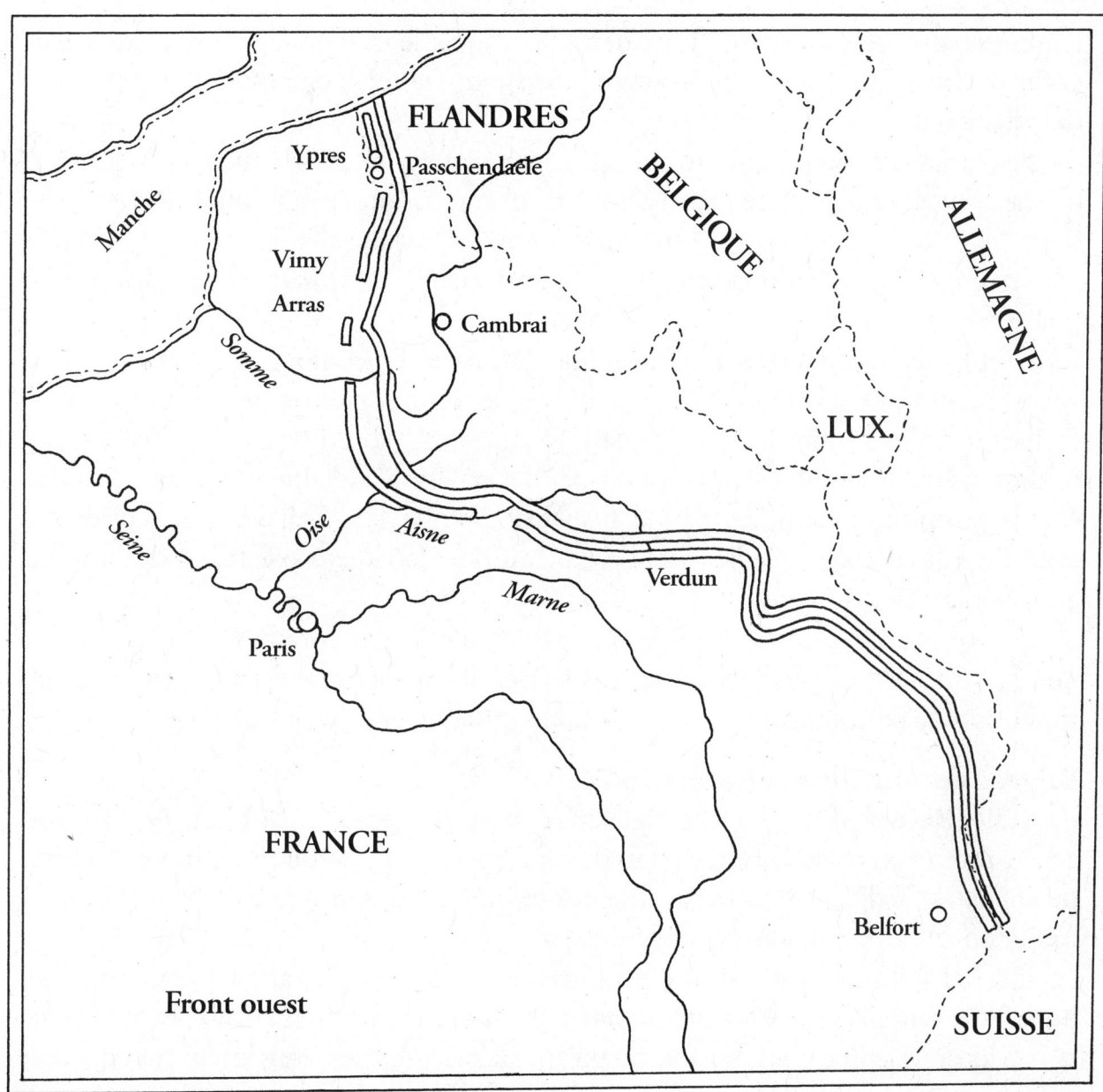

compter les milliers de garçons impatients de troquer leurs livres de classe contre fusils et cartouches. Beaucoup mentent sur leur âge pour s'enrôler, espérant revenir en héros des champs de bataille.

Les fantassins reçoivent un entraînement sommaire et se voient remettre un équipement loin d'être adéquat. Le soldat porte tout son attirail sur le dos. En plus d'un fusil Ross, il transporte une baïonnette, un casque d'acier, une capote, une couverture, un sac d'ordonnance, un sac à cartouches, un masque à gaz et une pelle pour creuser les tranchées.

L'équipement de l'armée britannique est léger et confortable. Le sac à dos encombrant des Canadiens couvre les bras et le dos des recrues de contusions et de coupures. La mentonnière de cuir épais les étouffe. Le lourd fusil Ross nécessite des munitions qu'on ne trouve pas en Europe. Il surchauffe et s'enraye en pleine bataille. On le remplacera en 1916 par le fusil britannique Lee-Enfield. On remplacera également la même année la mitrailleuse Colt des Canadiens par la Vickers, qui lui est supérieure.

Les bottes de l'armée canadienne sont extrêmement inconfortables et se désagrègent une fois imbibées d'eau et de boue. Les soldats les surnomment les « Sham Shoes » (imitation de bottes), en référence à Sam Hughes qui les fournit à l'armée.

Brigade de mitrailleuses motorisées

En 1905, Raymond Brutinel immigre en Alberta depuis la France à l'âge de 23 ans. Il achète un terrain de 40 hectares et fait de la prospection. Devenu un homme d'affaires prospère, il prédit la découverte de pétrole près d'Edmonton. En France, il a été capitaine de l'armée de réserve française.

En 1914, Brutinel réussit à convaincre des hommes d'affaires de financer une brigade de mitrailleuses. Quand Hughes autorise la formation de l'unité, Brutinel crée la 1re Motor Machine Gun Brigade, qu'on appellera les *Motors*. Sous le commandement

véhicule blindé

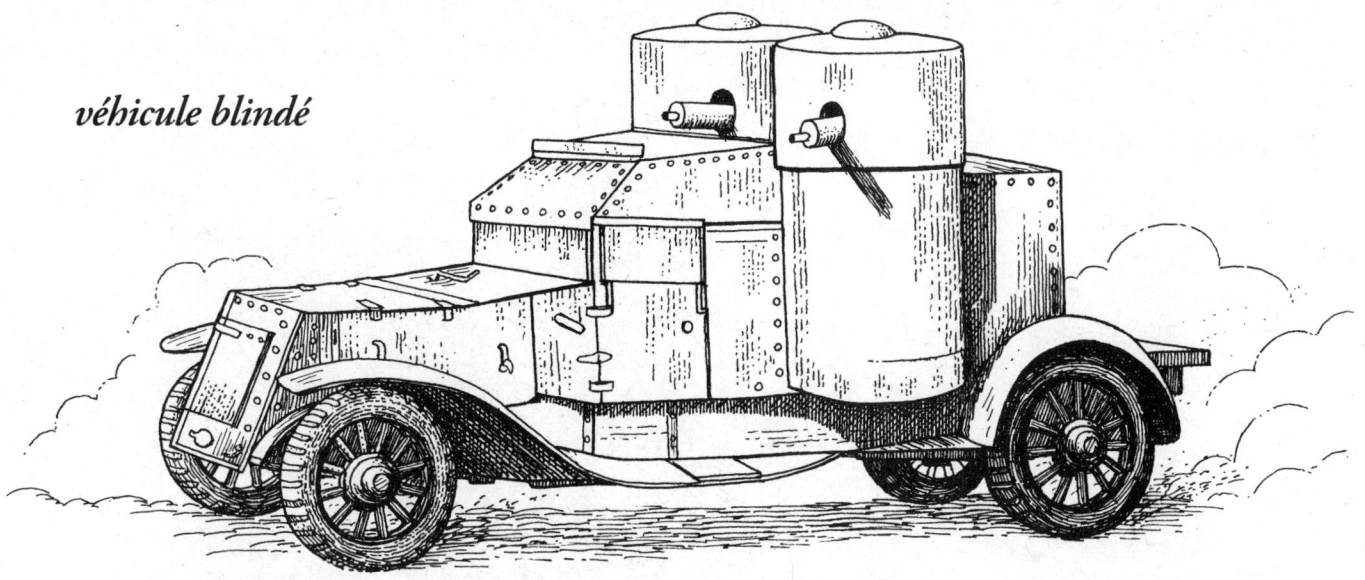

du major Brutinel, la brigade s'embarque pour l'Angleterre en même temps que le régiment Princess Pats.

Les *Motors* se composent de deux batteries ou unités de mitrailleurs qui comptent 10 officiers, 124 soldats, 20 mitrailleuses, 8 voitures blindées, 8 camions et 4 automobiles. C'est la première unité de combat blindée motorisée des alliés. Trois autres batteries canadiennes de mitrailleurs les rejoindront rapidement. Les puissances centrales s'empressent de faire appel aux mitrailleurs. Les commandants alliés ne voient pas tout de suite leur potentiel. Brutinel imagine de nouvelles tactiques et rédige un manuel. Dans leur entraînement exigeant, les membres de son équipe assemblent les armes et tirent les yeux bandés. Une équipe de six mitrailleurs tire 300 balles la minute. Les *Motors* enseigneront par la suite leurs techniques aux fantassins canadiens. Brutinel parvient à convaincre les généraux alliés d'utiliser les mitrailleuses comme armes mobiles. Il sera promu général à la fin de la guerre.

L'artillerie canadienne

Andrew McNaughton, né en Saskatchewan, est ingénieur électricien et officier d'artillerie dans la milice. À 27 ans, il se joint aux premiers volontaires enthousiastes,

pièce d'artillerie

se distingue au combat et prend rapidement du galon. Il se fait blesser à deux reprises et se voit décerner une décoration (D.S.O.)*. En 1918, il est devenu brigadier général.

L'ingénieux McNaughton met au point des techniques uniques d'artillerie. Il déploie des « observateurs » qui indiquent les positions ennemies aux équipes d'artillerie. Il met au point une série de microphones pour détecter les canons ennemis au moyen d'ondes sonores. Il crée des tables de calcul pour améliorer la vitesse et l'exactitude des artilleurs. À Ypres, en 1915, l'artillerie allemande avait fait des ravages dans l'infanterie canadienne. Dès 1917, McNaughton offrira une protection efficace.

Brigade de cavalerie canadienne
En 1915, la Canadian Cavalry Brigade voit le jour, commandée par le général J.E.B. Seely. Elle part pour la France le 1er février. Ses quatre régiments comprennent le Royal Canadian Horse Artillery, le Royal Canadian Dragoons, le Lord Strathcona's Horse et le 2e King Edward's Horse.**

* Ordre du service distingué.
** Un régiment britannique vite remplacé par le Fort Garry Horse de Winnipeg.

Veille de Noël (1914)

Le régiment Princess Pats arrive en France la veille de Noël pour se joindre à la deuxième armée britannique. Les recrues inexpérimentées s'initient à la guerre à la dure dans des batailles sanglantes dans lesquelles une erreur équivaut à une mort instantanée.

La mort jaune : deuxième bataille d'Ypres (22 avril 1915)

La 1re division des forces canadiennes participe à la bataille de Neuve-Chapelle en mars 1915. Les troupiers rejoignent ensuite le régiment Princess Pats à Ypres. Ils occupent une position à gauche du 5e corps britannique. À gauche des Canadiens se trouve une armée coloniale française de soldats africains d'Algérie.

Le 22 avril, un inquiétant brouillard jaune-vert flotte au-dessus du no man's land. L'étrange brouillard dérive lentement vers les tranchées. Les Africains sont les premières victimes du mystérieux brouillard. Ils se tiennent la gorge, respirent avec peine avant de suffoquer complètement. D'autres s'effondrent en s'enfuyant de terreur.

Lorsque le gaz toxique atteint les Canadiens, un grand nombre succombent à une mort horrible par suffocation. D'autres se couvrent le visage avec frénésie tout en voyant arriver les Allemands qui suivent le brouillard mortel. Par un combat au corps à corps, les Canadiens repoussent l'attaque. Le 24 avril, un nouveau nuage de gaz les envahit. Le manque de communication entraîne chaos et confusion. Les fusils Ross s'enrayent. Encerclés de trois côtés, les Canadiens combattent baïonnette contre baïonnette. Ils tiennent bon, mais 6 000 Canadiens succombent sur le champ de bataille.

Après Ypres, lorsque les généraux alliés ont une tâche difficile à accomplir, ils la confient aux Canadiens. David Lloyd George* disait : « Chaque fois que les Allemands voient arriver les Canadiens sur le front, ils se préparent au pire. »

Guerre des gaz

Les gaz toxiques deviennent une nouvelle arme de combat. Après leur première utilisation par les Allemands à Ypres, les alliés les adoptent à leur tour. L'artillerie fabrique des obus à gaz.

---

* David Lloyd George est devenu ministre britannique des munitions en 1915.

Les soldats qui se retrouvent dans un nuage de chlore gazeux meurent à petit feu par suffocation. Avant qu'on ne leur procure des masques à gaz, ils se couvrent désespérément le visage avec des serviettes ou des vêtements pour empêcher le produit chimique d'atteindre les poumons. En décembre 1915, les Allemands se servent d'un gaz suffocant encore plus dangereux, le phosgène.

Dès juillet 1917, les Allemands mettent au point le gaz moutarde. Ce gaz est inodore et ne cause aucun dommage jusqu'à 9 à 12 heures après le contact. C'est alors seulement qu'il provoque la formation de cloques sur la peau du visage et du corps, entraîne une cécité temporaire et détruit les poumons. Les chevaux et les chiens militaires doivent aussi porter des masques à gaz.

À Passchendaele, en 1917, les Canadiens font face à une nouvelle abomination, l'arsine, un gaz qui fait éternuer. En combinaison avec les bombes à gaz moutarde, l'arsine s'infiltre dans les masques à gaz et fait éternuer et vomir. La victime enlève alors son masque protecteur et s'expose au gaz moutarde.

Crête de Frezenberg (8 mai 1915)

Après la deuxième bataille d'Ypres, les soldats du régiment Princess Pats demeurent en position sur la ligne de front pendant six semaines et 700 d'entre eux périssent sous les tirs.

Le commandant, le lieutenant-colonel Francis Farquhar, est tué par un franc-tireur. Le major Andrew Gault est blessé. On confie le commandement au capitaine H.C. Buller, mais celui-ci reçoit un éclat d'obus dans l'œil. Le jeune lieutenant Hugh Niven, d'abord simple soldat, se voit confier le commandement. Les Canadiens sont isolés. Les gaz toxiques flottent au-dessus d'eux, puis c'est la charge à la baïonnette. Ils repoussent l'ennemi, mais deux de leurs quatre équipes de mitrailleurs sont démantelées. On dénombre encore 392 morts. Quand vient leur tour de quitter la ligne de front, il ne reste plus que 4 officiers et 150 soldats vivants.

Désastre de Festubert (15 mai 1915)

La première armée du général Haig attaque la crête d'Aubers le 9 mai et perd 11 000 soldats britanniques en 12 heures. Le général attaque la crête de Festubert le 15 mai.

La 1ʳᵉ division de Canadiens se joint à l'armée de Haig et reçoit l'ordre de prendre un verger*. Elle traverse péniblement des champs de boue, à découvert, essuie un feu mortel et subit des pertes terribles, mais atteint son objectif.

Le général Arthur Currie, commandant de la 2ᵉ brigade, reçoit l'ordre de prendre une position appelée K5. C'est impossible! Il supplie le général Haig de retarder l'attaque, mais celui-ci refuse. Les soldats sont la cible d'un tir impitoyable de mitrailleuses. Le carnage se poursuit pendant cinq jours. Il faut des renforts pour remplacer les morts. Les cavaliers du général Seely abandonnent leurs chevaux pour se battre dans les tranchées. Le tiers des soldats de la 1ʳᵉ division trouveront la mort.

Échec à Givenchy (15 juin 1915)

La 1ʳᵉ division canadienne relève les soldats britanniques à Givenchy.

Les mines dont ils ont secrètement parsemé la ligne de front sautent au début de l'assaut. Les explosions tuent quelques Canadiens par erreur. Durant la nuit, les Canadiens tirent jusqu'au front trois canons de 18 livres qu'ils camouflent. Aux premiers tirs, les canons sont repérés par l'artillerie ennemie qui les détruit. L'artillerie canadienne ouvre un passage à travers les barbelés à l'intention de l'infanterie, mais les mitrailleurs ennemis ciblent les ouvertures. Ils les attendaient.

Givenchy fut un échec. Sans le couvert de mitrailleuses, une attaque de front en plein jour mène à une mort certaine. À l'arrivée de la Motor Machine Gun Brigade de Brutinel, le général Alderson, qui se rend compte de sa valeur, lui réserve un bon accueil. Les *Motors* entraînent de nouvelles équipes de mitrailleurs pour l'infanterie.

Massacre de Loos (septembre 1915)

En septembre, les Britanniques tentent un assaut massif de jour à Loos. Des milliers de soldats britanniques s'empêtrent dans les barbelés et se font massacrer. Les Canadiens ne jouent aucun rôle direct dans ce combat. À l'hiver de 1915-1916, ils forment des groupes d'attaque, mais ne participent à aucune bataille d'importance.

---

* Rebaptisé plus tard le verger canadien.

Ambulance

Cratères de Saint-Éloi (avril 1916)

De nouveaux volontaires canadiens arrivent pour former une 3e division avec ce qui reste du régiment Princess Pats dévasté. On songe à former une 4e division. En février, les 1re et 2e divisions se joignent aux forces britanniques dans la région d'Ypres.

Les Britanniques attendent six mois avant d'attaquer Saint-Éloi. Des soldats du génie d'assaut creusent des tunnels sous les tranchées ennemies pour y placer des explosifs. Le 27 mars, une détonation spectaculaire retentit, produisant un désert de cratères profonds de 10 mètres et larges de 50 mètres, qui se remplissent d'eau. Des troupes britanniques doivent capturer Saint-Éloi et la 2e division canadienne inexpérimentée doit ensuite les remplacer.

Les Britanniques s'enlisent dans les cratères pleins d'eau. Au bout d'une semaine, la place forte des Allemands demeure imprenable. On change les plans. La 2e division reçoit l'ordre de terminer la tâche. Les Allemands contre-attaquent. Pendant deux semaines, la 2e division subit un feu nourri. Les nouvelles recrues combattent bravement, mais ne viennent pas à bout des solides défenses ennemies.

Le général Alderson, le commandant canadien qui avait pris en charge une situation désespérée, reçoit le blâme pour la défaite de Saint-Éloi. Il est relevé de ses fonctions. Le général Julian Byng, un autre officier britannique, le remplace à la tête des Canadiens.

Protection du Bois du Sanctuaire et du mont Sorrel (juin 1916)

Les corps canadiens, commandés par le général Byng, défendent le mont Sorrel à partir de la crête d'Ypres. Le régiment Princess Pats est dans le Bois du Sanctuaire. L'artillerie frappe la nouvelle 3e division, tuant son commandant, le général M.S. Mercer. Son adjoint, le général Victor Williams, est fait prisonnier.

L'ennemi, brandissant des baïonnettes et des lance-flammes, fait des ravages dans les rangs des Canadiens. D'autres se seraient rendus, mais les tenaces Canadiens combattent jusqu'à la mort. Le Princess Pats perd 400 hommes, dont le commandant, le colonel G.C. Buller. La plupart des premiers volontaires sont morts. La relève, des étudiants enthousiastes d'universités canadiennes, n'est pas moins courageuse. Le général L.H. Lipsett de la 2e brigade rapporte la mort d'un grand nombre d'officiers supérieurs, la capture de tranchées et l'élimination d'unités entières. Le 4e bataillon des Canadian Mounted Rifles perd 600 hommes à lui seul, et une brèche de 550 mètres invite maintenant l'ennemi à avancer. Brutinel se porte volontaire avec ses *Motors* pour défendre la brèche. Le général Currie ordonne un barrage d'artillerie qui permettra aux Canadiens de reprendre leurs positions.

Bain de sang sur la Somme (du 1er juillet au 28 novembre 1916)

Les Français se battent à Verdun. Le 1er juillet, le général Haig lance une offensive sur la Somme qui durera cinq mois. Le premier jour, les Britanniques perdent 57 470 hommes. À Beaumont-Hamel, les hommes du régiment de Terre-Neuve s'empêtrent dans les fils barbelés comme des mouches dans une toile d'araignée. Les mitrailleuses réduisent les soldats en charpie, massacrant 715 d'entre eux. En juillet et août, les forces britanniques perdent 200 000 hommes.

char d'assaut

Capture de Flers-Courcelette (15 septembre 1916)

L'armée canadienne grossit d'une 4ᵉ division. La 1ʳᵉ division protège la ligne de front, tandis que la 2ᵉ et la 3ᵉ se préparent à attaquer Flers-Courcelette. Les bombardements font 1 000 morts chez les Canadiens avant même le début de la bataille.

Le général Byng parle à Brutinel d'une nouvelle arme secrète qu'on appelle *landship*, mais dont le nom de code est *water tank** pour tromper les espions ennemis. En septembre 1916, 48 chars d'assaut participent à la bataille de Flers-Courcelette.

Les mitrailleuses de Brutinel et six des nouveaux chars d'assaut viennent à la rescousse des Canadiens. Lors de douzaines d'attaques et de contre-attaques, dans des luttes féroces au corps à corps, le 22ᵉ bataillon canadien-français se gagne une réputation d'opposants imbattables. Un général Haig enthousiaste déclare que les gains des Canadiens sont les plus importants depuis le début de la bataille de la Somme.

Le 26 septembre, par mauvais temps, la 1ʳᵉ division reçoit l'ordre de prendre deux tranchées, surnommées Kenora et Regina. Les soldats pataugent dans la boue pendant trois jours sous les balles ennemies. Ils s'emparent de Kenora à plusieurs reprises, mais pour la reperdre aussitôt. Les 4ᵉ et 5ᵉ bataillons des Canadian Mounted Rifles sont presque complètement éliminés, mais finissent tout de même par capturer Kenora.

* « Water tank » a été réduit à « tank » (char d'assaut), un nouvel usage du mot en anglais.

Malgré des douzaines d'attaques, Regina reste imprenable. Le 8 octobre, 100 Highlander font une nouvelle tentative. James Richardson, jeune cornemuseur de 18 ans, joue calmement pendant l'attaque des Canadiens. Il recevra la Croix de Victoria à titre posthume. Les Canadiens parviennent à s'emparer de Regina, puis la perdent dans une contre-attaque.

Le 10 octobre, la nouvelle 4e division prend la relève. Fouettés par la pluie froide, les hommes marchent dans l'eau jusqu'aux genoux pour occuper une partie de Regina, mais les défenseurs résistent. Le froid glacial et des tempêtes de neige nuisent aux soldats inexpérimentés qui parviendront pourtant à capturer Regina le 11 novembre.

Les Canadiens épuisés reçoivent l'ordre de prendre la tranchée Desire. Leurs vêtements trempés gèlent sur leur corps engourdi et lacèrent leurs chairs glacées. Le 18 novembre, ils font 600 prisonniers lors d'une attaque dans la neige, le verglas et la pluie glaciale. Le 28 novembre, les recrues non aguerries de la 4e division sont finalement relevées.

Les pertes canadiennes s'élèvent à plus de 24 000 soldats. La Somme a été un bain de sang. Sur tout le front ouest, 1,25 million de soldats sont restés sur le champ de bataille.

Guerre de chars d'assaut

C'est la marine britannique qui a inventé le char d'assaut. Le char Mark 1 sera utilisé pour la première fois sur la Somme. À 7 km à l'heure, les lourds véhicules blindés avancent plus lentement que les troupes. Ils s'enlisent dans la boue où ils se font détruire par l'artillerie. Par contre, ils terrorisent l'ennemi en roulant sur les barbelés et en faisant dévier les tirs de mitrailleuse. Ils ouvrent un passage à l'infanterie. Il existe des chars d'assaut « mâles » et « femelles ». Les mâles, de plus grande taille, transportent des charges de billots qu'ils font tomber dans les tranchées, créant ainsi un pont qui permet de les traverser.

Les chars d'assaut sont équipés de mitrailleuses. Plus tard, on équipera les chars d'assaut mâles de deux canons de six livres. À la bataille d'Amiens, en 1918, les alliés disposaient de 342 chars d'assaut le premier jour. Il en restait 145 le deuxième jour, 85 le troisième, 38 le quatrième et à peine 6 le dernier jour. Après avoir capturé des chars britanniques, les Allemands fabriqueront 20 de leurs propres chars A7V manœuvrés par un équipage de 18 hommes. La France mettra au point et produira 4 800 chars d'assaut Schneider et Renault.

Ruban de lâcheté

Durant la Grande Guerre, Norman Béthune quitte l'université pour s'enrôler. Après avoir été blessé, il retourne au Canada et termine ses études de médecine. Dans une rue de Toronto, une femme s'approche de lui et épingle un ruban de lâcheté sur le revers de son veston car, selon elle, ce jeune homme qui lui paraît en bonne santé devrait être à la guerre. Béthune s'enrôle de nouveau et reste dans l'armée jusqu'à la fin de la guerre.

Plus tard, le Dr Norman Béthune sera le héros de millions de Chinois après avoir occupé les fonctions de médecin en chef de l'Armée rouge en 1939, au moment de la révolte chinoise.

Victime de la guerre

En 1919, Tom Longboat est un athlète natif de la réserve des Six-Nations en Ontario. Champion canadien, il était devenu le coureur de fond le plus rapide au monde après avoir devancé Alfie Shrubb d'Angleterre dans la « course du siècle » au Madison Square Garden. Pour la circonstance, Tom était escorté par des chefs autochtones et un officier de la GRC en tunique rouge d'apparat.

En patriote, Tom entre dans l'armée pour participer à la guerre. On le rapporte tombé au champ de bataille, ce qui s'avérera faux. À son retour de la guerre, il constate que sa femme s'est remariée, se croyant veuve.

Trêve de Noël

Les soldats des deux camps ennemis décrètent un cessez-le-feu spontané le 25 décembre 1914. Tous sortent des tranchées pour s'embrasser et célébrer ensemble dans le no man's land, pour retourner combattre le lendemain.

Médecin poète

John McCrae, né à Guelph en Ontario, est médecin sur les champs de bataille durant la guerre. À Ypres, son poste de premiers soins reçoit des bombes et est envahi par les émanations de gaz. Le Dr McCrae note ses pensées sur un bout de papier.

Plus tard, il rend visite à son ami, le général Morrison de l'artillerie canadienne de campagne, et lui lit le poème qu'il a écrit ce jour-là, puis le jette à la poubelle. Morrison le récupère, le complète de ses propres illustrations et le poste à la revue *Punch*. En décembre 1915, la revue publie *In Flanders Fields*, le fameux poème qui rend hommage aux soldats morts à la Première Guerre mondiale.

McCrae meurt en janvier 1918, emporté par une pneumonie.

Soldat aîné

Sam Steele est né en 1849 à Orillia dans le Haut-Canada. Il a été soldat toute sa vie, s'engageant pour la première fois dans la milice à 16 ans, à l'époque des dangereuses incursions féniennes. En 1870, il faisait partie de l'expédition vers la Rivière-Rouge. Il a fait partie de la police à cheval du Nord-Ouest qui maintenait l'ordre pendant la ruée vers l'or du Yukon. En 1900, il commandait le Lord Strathcona's Horse en Afrique du Sud. En 1915, à 66 ans, Sam Steele est général. Il a recruté, entraîné et escorté les soldats de la 2e division canadienne en Angleterre.

Club du suicide

La brigade canadienne surnommée les *Motors* a sauvé la vie de milliers de soldats d'infanterie en fournissant une puissance de feu protectrice et agressive. Mais les pertes de vie chez les mitrailleurs étaient élevées. On les surnommait, entre autres, les *Emma Gees* canadiens ou les membres du *Suicide Club*.

Récipiendaires canadiens de la Croix de Victoria*
(1914-1918)

Wallace Lloyd Algie, « Billy » Barker, Colin Fraser Barron, Edward Bellew, Philip Eric Bent, Billy Bishop, Rowland Bourke, Alexander Picton Brereton, Jean Brillant, Harry Brown, Hugh Cairns, Frederick Campbell, Lionel « Leo » Clarke, William Clark-Kennedy, Robert Combe, Frederick George Coppins, John Croak, Robert Edward Cruickshank, Edmund De Wind, Thomas Dinesen, Frederick Fisher, Gordon Flowerdew, Herman Good, Milton Fowler Gregg, Frederick Hall, Robert Hanna, Frederick Harvey, Frederick Hobson, Thomas Holmes, Samuel Lewis Honey, Bellenden Hutcheson, Joseph Kaeble, George Fraser « Bobbie » Kerr, John « Chip » Kerr, Cecil « Hoodoo » Kinross, Arthur Knight, Filip Konowal, Okill Learmonth, Graham Thomas Lyall, Thain MacDowell, John MacGregor, Alan McLeod, George McKean, Hugh McKenzie, William Merrifield, William Metcalf, William Milne, Harry Miner, Coulson Norman Mitchell, George Mullin, Claude Nunney, Christopher O'Kelly, Michael O'Leary, Mickey O'Rourke, John Pattison, George Pearkes, Cyrus Peck, Walter Rayfield, James Richardson, Thomas Ricketts, James Peter Robertson, Charles Rutherford, Francis Alexander Scrimger, Robert Shankland, Ellis Sifton, Robert Spall, Harcus Strachan, James Tait, Thomas Wilkinson, Francis Young, Ralph Louis Zengel.

* Cette liste comprend les récipiendaires natifs du Canada ou de ses territoires, ceux qui ont réalisé leurs actes de bravoure au moment où ils servaient dans les forces canadiennes, ceux qui vivaient au Canada au début de la guerre et ceux qui sont venus vivre en permanence au Canada après la guerre.

À FAIRE

Honore un récipiendaire de la Croix de Victoria.

La reine Victoria a créé la Croix de Victoria en 1856, afin de reconnaître les audacieuses et courageuses prouesses au combat des soldats et des marins de Grande-Bretagne et du Commonwealth. Depuis 1856, seulement 1 355 personnes ont reçu la Croix de Victoria. Sur les 71 Canadiens qui ont reçu la Croix de Victoria durant la Grande Guerre, un grand nombre l'ont reçue après avoir perdu la vie au combat. Effectue une recherche sur l'un de ces héros et honore sa bravoure dans un exposé oral.

Ce qu'il te faut :

Un livre sur les Canadiens qui ont reçu la Croix de Victoria, par exemple, *Our Bravest and our Best: The Stories of Canada's Victoria Cross Winners* de William Arthur Bishop (Toronto: McGraw-Hill Ryerson, 1995).

Effectue une recherche sur Internet à propos des récipiendaires canadiens de la Croix de Victoria.

Ce qu'il faut faire :

1. Choisis un des Canadiens décorés de la Croix de Victoria (page 24).
2. Effectue une recherche pour connaître l'acte de bravoure qui lui a valu cet honneur. Dresse la liste des 10 interventions les plus importantes ou faits les plus intéressants sur une fiche à laquelle tu pourras te référer pour ta présentation.
3. Présente tes trouvailles en classe en expliquant pourquoi ce héros méritait la Croix de Victoria. Effectue ta présentation dans un style enthousiaste et dynamique qui rend honneur à la bravoure de cette personne et qui nourrit l'imagination de ton auditoire. Si tu le peux, apporte des accessoires ou des photographies de la Grande Guerre que tu pourras montrer en parlant.

CHAPITRE 3 *Front est*

Joe Boyle, Lawrence d'Arabie et autres

Ce qui a commencé comme une guerre européenne engendre des champs de bataille partout dans le monde et soulève des armées sur les cinq continents. La guerre du « front est » diffère de celle du « front ouest ».

La Russie est une alliée de la Grande-Bretagne et de la France. Elle dispose d'une très grande armée, mais son infanterie et sa cavalerie ne font pas le poids devant les nouvelles mitrailleuses et la puissance aérienne de l'Allemagne et de l'Autriche.

Bataille de Gumbinnen (20 août 1914)

Les généraux allemands ont mal calculé le temps que prendrait la Russie à se préparer pour la guerre. Ils l'estimaient à 10 semaines. La première armée russe, commandée par le général Paul Von Rennenkampf, est prête en 10 jours. Elle attaque l'Allemagne par l'est et remporte une nette victoire à la bataille de Gumbinnen, forçant les Allemands à retraiter. La Russie a déclenché une deuxième guerre sur le front est.

Bataille de Tannenburg (août 1914)

Une deuxième armée russe, commandée par le général Alexandre Samsonov, entre aussi en action. Les puissances centrales doivent retirer trois corps d'armée du côté ouest pour les déployer à l'est, ce qui contribuera à la victoire des Alliés sur le front ouest à la bataille de la Marne en 1914. Sans l'offensive russe, la France aurait pu tomber dès les premiers jours de la guerre.

Un message du général Von Rennenkampf au général Samsonov est intercepté. Les Allemands découvrent alors les positions des armées russes. Ils utilisent le chemin

de fer pour déplacer leur puissante armée vers le sud et écrasent les Russes commandés par Samsonov à Tannenburg.

Repoussée dans un marécage, l'armée russe sera anéantie. Les 500 cavaliers impétueux d'une brigade de cavalerie cosaque, montés sur de magnifiques chevaux blancs, sont si tassés les uns contre les autres que même après avoir été mitraillés à mort, les corps tant des hommes que de leur monture demeurent à la verticale. Les Allemands ne perdent que 13 000 hommes alors que les Russes déplorent 125 000 décès. Le général, consterné par la catastrophe, se suicide.

Au bout de quelques semaines, les Allemands affrontent de nouveau le général Von Rennenkampf, le privant de 100 000 autres soldats russes.

Les Russes récupèrent. En septembre, ils portent un coup fatal à l'armée autrichienne en Prusse orientale, tuant plus de 300 000 soldats. En octobre, ils chassent les Allemands de Pologne.

Le Pacifique

La Grande Guerre s'étend au Pacifique. Les alliés veulent dominer les activités commerciales sur les océans en capturant les colonies et les ports des puissances centrales. Le Japon s'est joint aux alliés dès le début des hostilités. Le 23 août 1914, il s'empare des colonies allemandes que sont les îles Carolines et Marshall dans l'océan Pacifique. Rejoints par les troupes britanniques et indiennes, les Japonais envahissent la ville portuaire chinoise de Qingdao occupée par les forces allemandes. Le 30 août, la Nouvelle-Zélande s'empare des Samoa, sous contrôle allemand. En moins d'un mois, l'Australie occupe la Nouvelle-Guinée, allemande elle aussi.

Afrique

En août 1914, les Français et les Britanniques s'emparent du Togoland. En septembre, l'Afrique du Sud attaque l'Afrique du Sud-Ouest, allemande. Les Allemands repoussent une attaque des forces indiennes et britanniques dans l'Afrique de l'Est.

Moyen-Orient
En novembre 1914, la Turquie s'allie à l'Allemagne. Les Dardanelles, à l'entrée de la Méditerranée, subissent un blocus. Les croiseurs allemands font des incursions dans les ports russes de la mer Noire. La Turquie tente d'envahir la Russie, mais 30 000 soldats meurent de froid dans les montagnes du Caucase. Les Turcs attaquent le canal de Suez et tentent d'envahir l'Inde en passant par l'Afghanistan. La Grande-Bretagne défend le canal et ses colonies. Les Turcs tuent 500 000 Arméniens qu'ils croient alliés aux Russes.

Gallipoli
En avril 1915, les troupes britanniques, australiennes et néo-zélandaises tentent de briser le blocus des Dardanelles en attaquant la péninsule de Gallipoli. Les Turcs contrôlent les collines et les arrêtent sur les plages. Ils écrasent une deuxième attaque. Dans la chaleur de l'été, le choléra et la malaria éprouvent les forces alliées. Un hiver froid et cinglant les force à battre en retraite au bout de neuf mois.

Guerre en montagne
En mai 1915, l'Italie se joint aux alliés et attaque l'Autriche-Hongrie. Les combats se déroulent dans les majestueuses Alpes enneigées. La lente montée des 15 divisions italiennes vers les 5 divisions autrichiennes dans les hauteurs aboutit à une impasse. De juin à août, 11 affrontements ne font gagner que 11 km au prix de 250 000 morts. Les troupes alpines grimpent des falaises abruptes et creusent des cavernes dans les escarpements rocheux des montagnes, à 3 km au-dessus du niveau de la mer. Les Autrichiens lancent des grenades sur les Italiens occupés à creuser des tunnels pour installer des explosifs. La ligne de front des montagnes ne bougera pas pendant deux ans.

    La Bulgarie s'allie aux puissances centrales en octobre 1915 et envahit puis occupe la Serbie en deux jours. L'armée et les réfugiés serbes se retirent en un exode tragique, franchissant des montagnes glaciales et arides en vue de gagner l'Albanie. La moitié de l'armée de 200 000 soldats et un très grand nombre de civils périront.

Guerre du désert
En 1914, les Britanniques affrontent les Turcs sur trois fronts. Une grande force britannique s'avance depuis l'Égypte jusqu'en Palestine. Elle finira par s'emparer de Jérusalem le 9 décembre 1917. Une deuxième armée britanno-indienne part du golfe Persique et conquiert petit à petit la Mésopotamie (l'Iraq d'aujourd'hui). En novembre 1915, les Turcs contre-attaquent. Les Britanniques se retirent à Kut al-Amara. La faim et la maladie en tuent des milliers. Une division britannique de 9 000 soldats se rend aux Turcs. Bagdad tombe finalement en mars 1917.

Lawrence d'Arabie
Le troisième front met en scène le colonel britannique T.E. Lawrence, qui se rendra célèbre sous le nom de Lawrence d'Arabie. Il parle arabe et réussit à convaincre l'émir Faisal et d'autres chefs arabes de se révolter contre la Turquie en juin 1916. À la tête d'une armée arabe de 10 000 hommes dans le désert, Lawrence repousse les Turcs hors du Hedjaz, puis aide les Britanniques à prendre Jérusalem.

Revers pour les alliés (1915-1916)
Les Allemands repoussent les Russes hors de Pologne, d'Estonie, de Lettonie et de Lituanie. Les batailles de Verdun et de la Somme entraînent de nombreuses pertes de vie. Les nationalistes irlandais reçoivent des armes d'Allemagne pour se rebeller contre les Britanniques.

La Russie à la rescousse
La Russie aide les alliés en envahissant la Turquie. Un général russe, Alexei Brusilav, attaque l'Autriche en juin 1916 et l'emporte au bout de 20 affrontements. Contrairement au front ouest où on s'abrite tant bien que mal dans des tranchées depuis des années, les Russes avancent de 160 km en un seul mois et font 250 000 prisonniers. La Russie vient également à bout des puissances centrales dans les Balkans. Des trains bondés de soldats allemands quittent à toute vapeur le front ouest pour affronter Brusilav, qui se retire. Les victoires russes feront 6,7 millions de morts. En septembre 1915, le tsar Nicolas prend lui-même le commandement de l'armée russe.

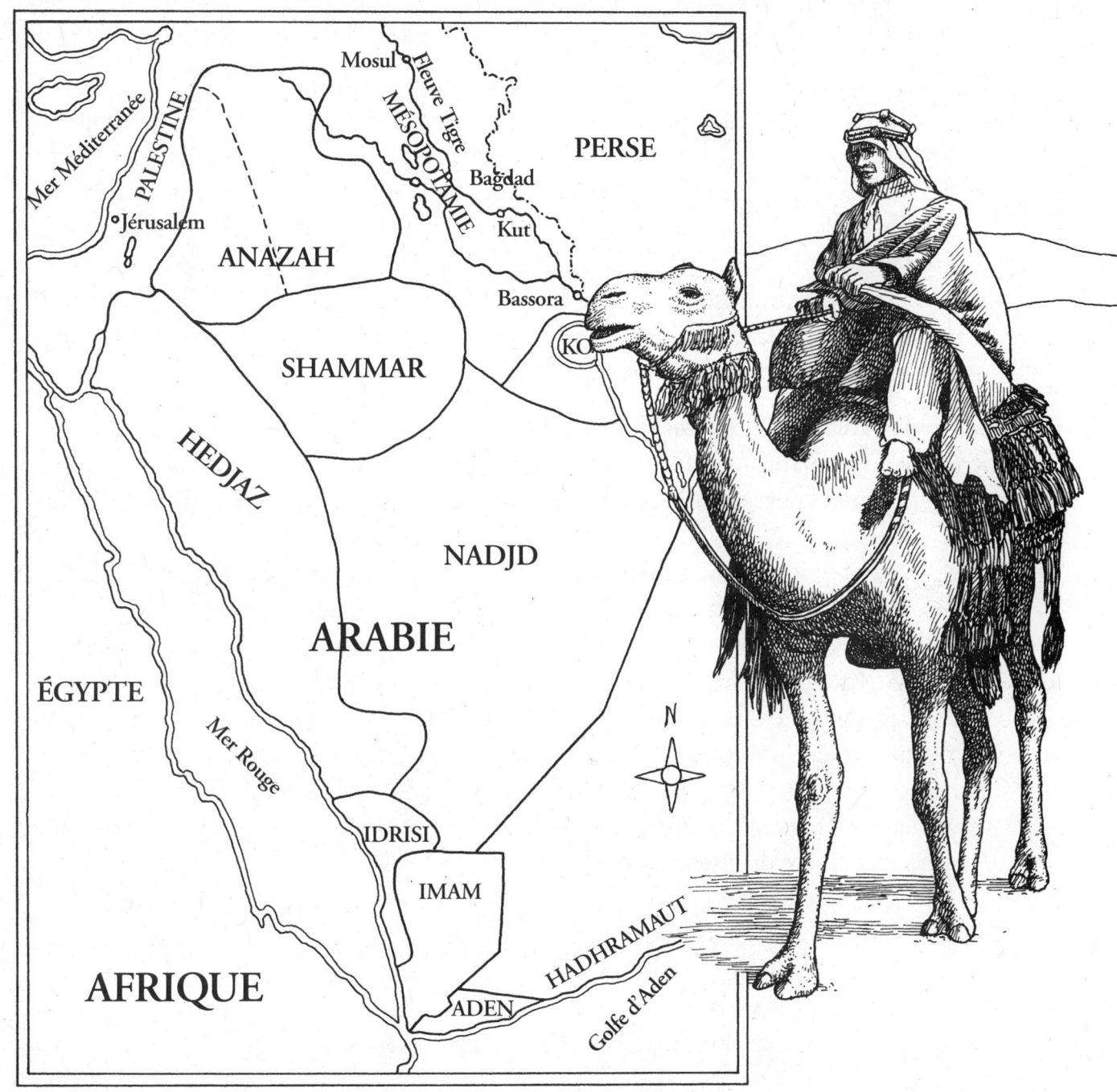

Révolution en Russie

Pendant que le tsar fait la guerre, la tsarine et le « moine fou » Raspoutine dirigent le pays. Des grèves et des manifestations éclatent. Au lieu d'arrêter les émeutiers, les soldats désertent. C'est le chaos en Russie. Le 15 mars 1917, le tsar Nicolas se voit forcé d'abdiquer. Un gouvernement provisoire prend le pouvoir. Les Allemands favorisent les troubles et la révolution dans le pays en faisant entrer secrètement en Russie le chef communiste Vladimir Lénine. Le peuple russe appuie la révolution communiste contre la famille royale. Continuer la guerre devient impossible à cause du changement de gouvernement en Russie.

Joe Boyle : roi non couronné de Roumanie

Joe Boyle est né à Toronto en 1867, mais a grandi à Woodstock en Ontario. Il préfère les randonnées à cheval plutôt que l'école. À 17 ans, il disparaît en laissant cette simple note : « Parti en mer. Ne vous inquiétez pas pour moi. Joe. »

Joe revient à l'âge de 21 ans. Il épouse une Américaine, qui lui donne quatre enfants, devient un marchand prospère et possède une maison.

À 30 ans, Joe abandonne sa fortune et sa famille pour se rendre dans la région aurifère du Klondike dans le territoire du Yukon. En 1898, Dawson City est une ville sauvage, grande ouverte. Joe n'a que 50 sous en poche à son arrivée. Il gagne sa vie comme boxeur et videur. Les *Sourdough* du Klondike lavent le gravier à la batée sur de petites concessions de lits de ruisseaux de 150 m. Joe réussit à obtenir du gouvernement une très longue concession de 13 km. Ce sera la meilleure affaire de l'époque en matière de gisement minier.

À la déclaration de la guerre, en 1914, Joe est millionnaire mais, à 47 ans, il est trop vieux pour le service militaire. Il finance plutôt la batterie de mitrailleurs appelée la Yukon Machine Gun Battery. Boyle se rend à Londres où il reçoit le grade de lieutenant-colonel. Les Britanniques lui trouvent le défi idéal pour ses capacités. Les trains russes n'avancent plus. On est en plein hiver et la révolution communiste bouleverse le pays. Le front est a désespérément besoin de ravitaillements et de vivres. Le colonel Boyle accepte la mission et parvient à faire bouger les trains russes.

Joe Boyle se rend jusqu'en Roumanie, un petit pays affamé coincé entre les troupes allemandes et russes. C'est là qu'il rencontre la reine Marie, d'origine britannique, qui a persuadé son mari d'appuyer les alliés. Joe consacrera le reste de sa vie à aider la Roumanie et sa reine.

En 1917, les communistes prennent le pouvoir en Russie, où le trésor royal roumain avait été mis en sûreté. À Moscou, Joe réquisitionne un train. Attaqué par les rebelles communistes, il conduit lui-même la locomotive. Le gigantesque Canadien, portant des insignes d'or du Klondike sur son uniforme kaki et des bottes de cavalier, ramène la fortune royale à la reine Marie.

En homme libre, Joe Boyle prend ses propres décisions. Au cours d'une de ses aventures, il traverse la mer Noire en bateau pour secourir des otages roumains. À une autre occasion, il visite le tsar Nicolas II en prison pour lui offrir de l'aider à s'évader avec sa famille. Le tsar refuse. À peine six mois plus tard, toute la famille royale sera exécutée.

Quand la guerre prend fin, Joe Boyle reste en Roumanie comme compagnon de la reine Marie. L'attachement romantique du chevaleresque colonel canadien pour la reine lui vaut le titre de roi non couronné de la Roumanie.

En 1918, Joe subit un accident vasculaire cérébral qui le laisse paralysé. Il se retire chez un ami du Yukon qui habite en Angleterre. Durant son absence du Canada, ses affaires dans les gisements d'or ont périclité. Il meurt en 1923, invalide et sans le sou.

C'est la reine Marie qui rédigera le texte de sa pierre tombale sur laquelle elle fera graver son nom, Marie, et ces vers que Joe aimait, tirés du poème de Robert Service intitulé *The Law of the Yukon* (la loi du Yukon) :

« A man with the heart of a Viking
And the simple faith of a child. »

À FAIRE

Fabrique une force multiculturelle.

Des troupes de nombreux pays d'Europe et de leurs empires coloniaux ont participé à la Grande Guerre. Fabrique ta propre force multiculturelle.

Ce qu'il te faut :
- ciseaux
- colle blanche
- crayons de cire ou de couleur
- bristol

Ce qu'il faut faire :
1. Photocopie les pages 34 et 35.
2. Colore les soldats avant de les découper. Pour savoir de quelle couleur sont les uniformes, effectue une recherche à la bibliothèque ou sur Internet.
3. Découpe les bases dans du bristol en te servant du patron ovale de la page 35.
4. Découpe les soldats, plie le rabat vers l'arrière et colle-le à la base.

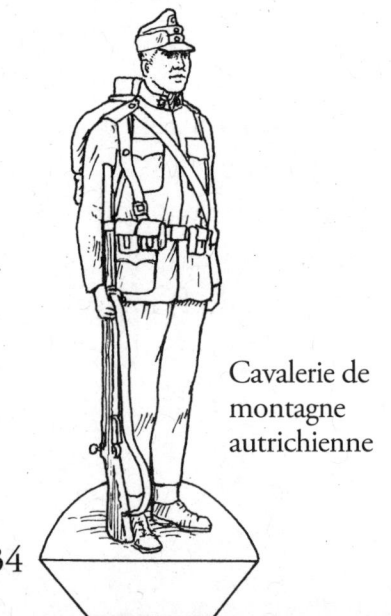

Cavalerie de montagne autrichienne

Éclaireur sibérien

Réserve bulgare

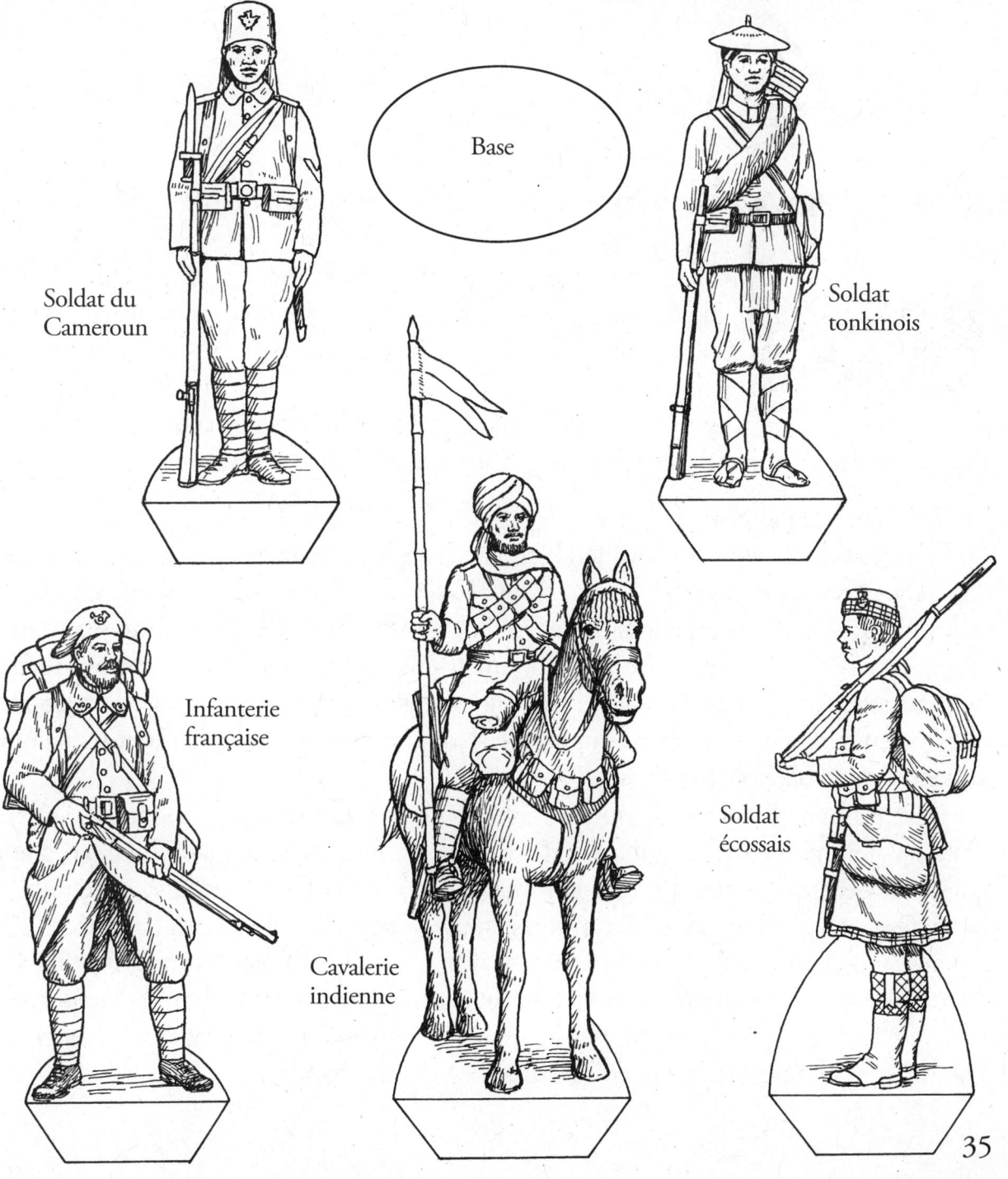

CHAPITRE 4 *Front intérieur*

Beth Smellie, Mabel Adamson, Mata Hari et autres

La guerre, c'est comme un iceberg. Seulement dix pour cent de l'iceberg émergent de l'eau. Le reste, soit les quatre-vingt-dix pour cent qui le soutiennent, se dissimule sous l'eau. Durant la Grande Guerre, les soldats canadiens de la ligne de front sont soutenus par des millions de femmes, d'enfants et d'autres civils qui travaillent à la sueur de leur front et qui se sacrifient sur le front intérieur.

Les femmes et la guerre

La Grande Guerre change considérablement la vie des femmes au Canada, comme dans tous les autres pays des deux camps. Celles-ci remplacent les pères, les maris et les fils dans les fermes, les usines et les entreprises familiales, de même que dans les collectivités et au foyer. Elles conduisent toutes sortes de véhicules et s'occupent de l'entretien des routes. Certaines travaillent très dur dans des mines de charbon. Leur nombre d'heures de travail augmente à mesure qu'elles entreprennent les tâches auparavant dévolues aux hommes.

Le travail en usine est surtout un travail d'homme. Lorsque la Grande Guerre éclate, les femmes se retrouvent ouvrières d'usine du jour au lendemain. Dans certains pays, il devient illégal d'engager des hommes à l'usine si des femmes peuvent accomplir les tâches. Le salaire est bas et le travail est souvent malsain. Dans certaines usines où travaillent les femmes, il y a des émanations de gaz toxique. D'autres sont contaminées par des métaux comme le plomb, le cuivre et l'argent. L'huile qui s'échappe des machines tache la peau. Les longues heures de travail ardu provoquent des accidents. La santé des femmes enceintes et de leur bébé est compromise.

Des femmes recouvrent des ailes dans une usine aéronautique.

L'équipe canari
Au Canada, plus de 30 000 femmes fabriquent des obus et des armes dans les usines de munitions. Au contact des cristaux de TNT, certaines « munitionettes » contractent une affection qui a pour effet de jaunir la peau et leur vaut le sobriquet d'« équipe canari ». D'autres contractent des maladies mortelles comme la tuberculose en raison des conditions de travail malsaines. Le général Joffre, le commandant en chef français, déclarera : « Si toutes les ouvrières des usines s'arrêtaient de travailler pendant vingt minutes, les Alliés perdraient la guerre. »

Le corps auxiliaire féminin de l'armée
Il était rare pour les femmes de participer aux combats, mais bon nombre d'entre elles se joindront aux armées auxiliaires, les Women's Auxiliary Army Corps (WAAC). Ces femmes revêtent l'uniforme kaki et travaillent comme cuisinières, commis à

l'administration, secrétaires, menuisières, mécaniciennes et conductrices de camion. Une femme enrôlée dans le WAAC est appelée « la fille qui est derrière l'homme qui est derrière le fusil ».

La légion de la mort
En Russie, des soldates armées combattent au front. Des femmes russes formeront le premier bataillon de Petrograd*, appelé la légion de la mort. Beaucoup d'entre elles mourront lors d'un repli de l'armée russe, mais non sans avoir fait plus de 100 prisonniers allemands. Les Alliés comme les ennemis les redoutaient et les respectaient.

Les collectes de fonds
Les femmes recueillent des fonds pour le Canadian Women's Hospital Ship Fund et la Croix-Rouge. Le Fonds patriotique canadien réunira 43 millions de dollars et la vente d'affiches et de cartes postales des campagnes d'emprunts de la Victoire rapportera 1,7 million de dollars.

Les enfants et la guerre
Il n'existe aucune loi pour obliger les enfants à rester à l'école. Dans les usines, on trouve des enfants de 12 ans qui travaillent pendant 14 heures, jour et nuit, les dimanches et les jours fériés.

Il faut nourrir l'armée et la nation. Les enfants, les personnes âgées et d'autres civils travaillent à la ferme, aux semailles et à la moisson. Le mouvement Soldiers of the Soil (Soldats de la terre) encourage plus de 25 000 écoliers de la ville à se faire embaucher comme ouvriers agricoles durant l'été. Le Corps du service agricole de l'Ontario remettra des badges à plus de 7 000 garçons et 1 300 filles qui ont travaillé dans les champs pour appuyer la campagne canadienne visant à augmenter la production alimentaire.

Des jeunes filles ont tricoté des bas pour les soldats. Des enfants ont vendu des insignes patriotiques durant les 64 Journées de l'insigne. Le Fonds patriotique des kermesses des écoles rurales a vendu des épinglettes.

* Aujourd'hui Saint-Pétersbourg.

Les Bluebirds du Canada

Les infirmières militaires canadiennes, appelées les Bluebirds (oiseaux bleus), servent outre-mer à titre d'officiers de l'Armée et travaillent dans des endroits dangereux et dans des hôpitaux militaires bondés. En Europe, on transforme des voitures personnelles en ambulances et des manoirs en hôpitaux.

Au Canada, plus de 2 500 femmes du Service infirmier de l'Armée partent pour l'Europe. Plus de 40 infirmières du Corps de santé meurent de façon héroïque en portant secours aux blessés sur la ligne de front.

L'infirmière Helen Fowlds de Hastings, en Ontario, s'enrôle dans l'Armée en 1914. Dès février 1915, elle fait partie du Corps de santé de l'Armée canadienne. Elle servira en France, en Égypte, à Malte et en Grèce. Luttant contre une infection respiratoire chronique et une bronchite, elle finira par retrouver la santé et rentrer au pays.

Beth Smellie de Port Arthur, en Ontario, qui a servi durant la Grande Guerre, reprend du service lors de la Deuxième Guerre mondiale. Elle deviendra surintendante en chef des Infirmières de l'Ordre de Victoria du Canada, infirmière en chef de l'Armée royale canadienne et la première femme à accéder au rang de colonel dans l'Armée canadienne.

Une société en évolution

La Grande Guerre a amené de profonds changements sociaux. Les travailleuses font des grèves, exigent l'égalité des salaires, de meilleures conditions de travail et le droit de vote. En 1916, les femmes voteront aux élections provinciales en Alberta, en Saskatchewan, au Manitoba et, un an plus tard, en Colombie-Britannique et en Ontario. Au Québec, les femmes ne pourront pas voter avant 1940. La Loi des élections en temps de guerre de 1917 permet uniquement aux sœurs, aux épouses et aux filles des soldats de voter. En 1918, toutes les femmes de plus de 21 ans pourront voter aux élections fédérales.

Avant la guerre, aucun Canadien ne payait d'impôt sur le revenu. Pour aider à financer la guerre, les politiciens se prononcent en faveur d'une taxe substantielle, temporaire, établie selon le revenu de chacun. Cette taxe ne devait être perçue que pour le temps où le Canada serait en guerre, mais l'impôt sur le revenu n'a jamais été supprimé. De nos jours, certains Canadiens remettent plus de la moitié de leur salaire en taxes aux administrations fédérale, provinciale et municipale.

Le concept de l'heure avancée a été adopté pendant la Grande Guerre pour maximiser le nombre d'heures de production des usines sur le front intérieur.

Avant la guerre, les hommes portaient les cheveux longs. Mais quand les soldats des tranchées ont commencé à se raser la tête pour éviter d'avoir des poux, les cheveux courts sont devenus populaires chez les hommes. Les Beatles ont ramené la mode des cheveux longs dans les années soixante, mais la coupe militaire a repris le dessus dans les années quatre-vingt-dix.

L'obligation de se battre

Le premier ministre Robert Borden rend visite aux blessés canadiens qui ont subi des amputations, qui souffrent de brûlures atroces et de traumatismes dus aux bombardements. Il trouve injuste que d'autres refusent de servir leur pays.

Le 29 août 1917, le parlement adopte la Loi du Service militaire. C'est le début de la conscription ou du service militaire obligatoire. Peu de temps après, 46 000 conscrits sont forcés d'aller au front. Cette politique divise le pays. Le Canada anglais appuie majoritairement la Grande-Bretagne et l'effort de guerre, mais beaucoup de Canadiens français ne se sentent pas concernés. En mars 1918, l'arrestation d'un objecteur de conscience canadien-français provoque des émeutes au Québec.

Mabel Adamson
Lorsque son mari part pour la guerre avec les Princess Pats, Mabel Adamson le suit en Angleterre et devient membre active du Belgium Soldiers Fund. Avec une autre Canadienne, Kathyrn Innis-Taylor, elle crée le Belgium canal Boat Fund, pour réunir les fonds nécessaires au transport des provisions, par les canaux, vers les 10 000 familles belges isolées derrière les lignes ennemies.

Les espions
Les espions interceptent les messages envoyés par radio et par télégraphe. Durant la Grande Guerre, les deux camps protégeaient leurs communications au moyen de codes complexes et ils utilisaient le cassage de code ou décryptage pour déchiffrer les renseignements interceptés. En 1917, des espions britanniques déchiffrent le télégramme de Zimmermann envoyé par les Allemands au Mexique. Le télégramme incitait ce dernier à se joindre aux puissances centrales et à attaquer les États-Unis. Ceci encouragera les États-Unis à déclarer la guerre en 1917.

Edith Cavell, d'origine britannique, travaille comme infirmière en Belgique lorsque les Allemands occupent Bruxelles en août 1914. Elle reste en Belgique et soigne les 200 soldats britanniques faits prisonniers. On l'accusera d'avoir aidé certains d'entre eux à s'enfuir et elle sera fusillée en 1915 par un peloton d'exécution.

Winnie l'ourson

C'est une visite au zoo de Londres, où se trouvait une ourse noire nommée Winnie, qui a inspiré à leur auteur les histoires pour enfants sur Winnie l'ourson. Winnie n'est encore qu'un ourson lorsque le capitaine Harry Colebourn l'emmène avec lui comme mascotte de la 2e Brigade d'infanterie canadienne. Il l'appelle Winnie, diminutif de sa ville d'origine, Winnipeg.

Mata Hari

Mata Hari est le nom de scène de Margaretha Zelle, une artiste néerlandaise. Costumée en princesse javanaise, cette danseuse se rend célèbre partout en Europe. Alors qu'elle se produit à Paris, en 1914, elle est recrutée par les services secrets français et envoyée en Espagne. La belle danseuse séduit des officiers allemands hauts gradés dans le but d'obtenir des renseignements militaires pour le compte des Français.

Mata Hari est arrêtée à son retour en France. On l'accuse d'être un agent double qui fournit délibérément de faux renseignements aux Français. Certains diront qu'elle a été trahie par un officier allemand qui lui a donné de faux renseignements. Elle sera fusillée en octobre 1917 par un peloton d'exécution français.

Parachutage de pigeons

Pendant la Grande Guerre, plus de 500 000 pigeons ont livré des messages militaires qu'on leur attachait aux pattes. Ils étaient parfois parachutés dans des paniers sur des zones de largage en territoires occupés où on les gardait jusqu'à leur libération par des espions. D'autres fois, ce sont des pilotes qui les apportaient avec eux à l'occasion de vols de reconnaissance. Les Allemands utilisaient des « pigeongrammes » de papier léger. On photographiait les messages plus longs qu'on réduisait ensuite 300 fois, en micropoints.

James Bond 007

Le personnage de fiction James Bond a été inspiré d'un véritable agent des services secrets britanniques de la Deuxième Guerre mondiale. William Samuel Clouston Stranger, de son vrai nom, voit le jour à Winnipeg en 1897. Il se fait connaître sous le nom de William Stephenson alias l'« intrépide ». Le camp d'entraînement pour espions dont il est question dans les films se trouve en fait près du lac Simcoe, en Ontario.

Durant la Grande Guerre, William s'enrôle dans le Corps du génie de l'Armée canadienne où il est promu sergent à l'âge de 18 ans. En 1916, il est exposé aux gaz, mais se rétablit et se joint au Royal Flying Corps. L'avion de William est abattu et notre héros est capturé par les Allemands. On lui décernera la Croix du service distingué dans l'Aviation, la Croix militaire, la Croix de Guerre et la Légion d'honneur.

À FAIRE

Rédige un message codé.

Pour ne pas que les espions s'emparent de renseignements d'importance vitale durant la Grande Guerre, les soldats et les civils rédigeaient des messages codés.

Imagine que tu es un politicien qui envoie un message à un allié, ou un général qui envoie un ordre, ou un soldat dans une tranchée qui écrit à sa famille, ou une femme ou un enfant du Canada qui écrit à son mari ou son père au front en Europe, ou encore un espion qui envoie son rapport à son chef des services secrets.

Ce qu'il te faut :
- Papier, stylo ou ordinateur

Ce qu'il faut faire :
1. Avec un partenaire, imagine un vocabulaire secret qui remplace des termes militaires comme armée, bataille, ennemi ou navire. Remplace-les par exemple par des termes de musique, ou encore par des noms d'animaux, de plantes, d'amis, de membres de la famille, d'autos, etc.
2. Tu dois convenir d'un code secret avec ton partenaire. Par exemple : tous les cinquièmes mots de ta lettre font partie du message secret. Tu dois rendre ton code le plus complexe ou le plus difficile possible à déchiffrer.
3. Invente un simple et court message secret. Exemples : « Attaque par le côté ouest »; « Notre division avance vers Ypres »; « Notre usine a doublé sa production en ajoutant un quart de nuit ».
4. Rédige une lettre normale qui dissimule ton message secret.
5. Demande à ton partenaire de déchiffrer la lettre et de répondre en code.
6. Échangez vos lettres contre celles des autres équipes. Pouvez-vous découvrir leur code et déchiffrer leur message?

CHAPITRE 5
Sous-marins et cuirassés

Amiral Jellicoe, amiral Scheer et autres

Le 4 août 1914, on ferme l'arsenal maritime de Montréal à cause du risque que représentent les navires de guerre allemands. La Marine royale du Canada (MRC), nouvellement créée en 1910, compte seulement 350 marins et deux croiseurs cuirassés, les NCSM *Niobe* et *Rainbow*. La Colombie-Britannique achète deux sous-marins pour patrouiller et protéger la côte du Pacifique. La MRC les rachètera, mais ceux-ci ne participeront à aucune bataille.

Domination de la Grande-Bretagne en mer

La marine britannique, la plus puissante au monde, empêche les navires allemands de sortir de leur port. Durant les six premiers mois de la guerre, la Grande-Bretagne détruit ou capture 383 navires ennemis et en force 788 autres à se réfugier dans des ports neutres.

Raiders

Un croiseur de combat allemand, le *Goeben*, et 14 autres croiseurs légers sont en mer au moment où les Britanniques bloquent les ports allemands. Ils se transforment rapidement en raiders audacieux et dangereux, attaquant des ports et des navires alliés pour disparaître aussitôt. Quand la Turquie se joint aux puissances centrales en 1914, le *Goeben* et un autre croiseur font des raids dans les ports russes de la mer Noire.

En Extrême-Orient, un escadron allemand de raiders a survécu. L'*Emden* fait des raids dans l'océan Indien jusqu'à ce que le croiseur australien *Sydney* le coule en novembre 1914.

Une explosion accidentelle détruit un croiseur allemand au large de la côte du Brésil mais, le 1er novembre, des raiders coulent quatre navires de guerre britanniques le long de la côte du Chili. Le 8 décembre, aux îles Falkland, les Britanniques détruisent tous les raiders de l'Atlantique Sud. En avril 1915, tous les raiders allemands ont été éliminés ou forcés de se réfugier dans des ports neutres, mais non sans avoir d'abord coulé 54 navires britanniques.

Sous-marins

À la déclaration de la Grande Guerre, les navires en mesure de naviguer sous l'eau sont une toute nouvelle invention. Les Britanniques dominent les mers en surface, mais les Allemands ne tardent pas à se doter d'une importante flotte de sous-marins. Le nom allemand *Unterseeboot* signifie « bateau sous l'eau ». Au lieu de baptiser leurs sous-marins, les Allemands leur attribuent un numéro qui commence par « U », comme le U-37.

Les sous-marins sont inconfortables, mais faciles à manœuvrer. L'espace intérieur est restreint et on y est à l'étroit. La chaleur et la fumée des moteurs sont suffocantes. Les sous-marins terrorisent les alliés, car ils peuvent torpiller les vaisseaux de guerre.

Les sous-marins couleront 5 554 navires commerciaux dont un bon nombre appartiennent à des marchands américains neutres qui approvisionnent les alliés. Les hommes d'équipage des sous-marins risquent aussi leur vie : 178 sous-marins allemands seront bombardés, détruits par des champs de mines ou torpillés.

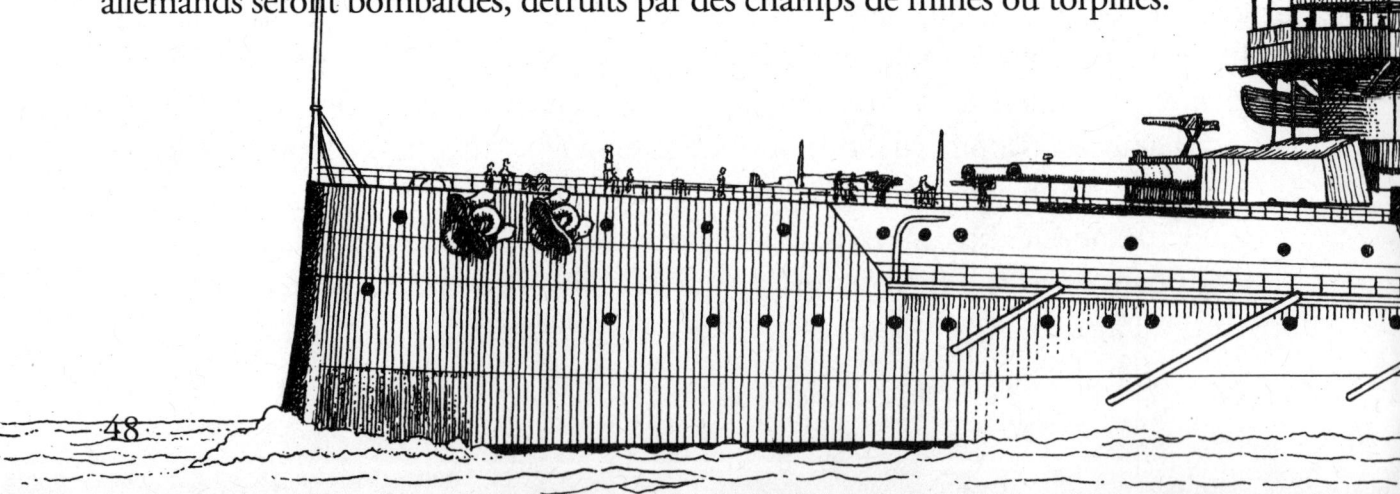

Premier porte-avion

Les Britanniques ont fabriqué le premier porte-avion afin de pouvoir attaquer les sous-marins et les bases de Zeppelin. Dès 1918, sept *Sopwith Camel* peuvent décoller du NSM *Furious*. Ces avions bombardent et torpillent aussi les navires ennemis.

Convois

Pour se prémunir contre les sous-marins, les navires commerciaux commencent à se déplacer en convoi sous la protection de vaisseaux de guerre comme les croiseurs. Des ballons d'observation détectent les sous-marins et des écrans de fumée protègent le convoi. En cas d'attaque, les convois peuvent riposter avec des canons, des grenades sous-marines et des torpilles.

Camouflages aveuglants, pièges et dreadnoughts

Des motifs étranges et des dessins bizarres, qui constituent des camouflages aveuglants, dissimulent 2 700 navires de commerce et 400 navires d'escorte. Les autres mesures de protection comprennent les champs de mines et les navires-pièges qui attirent et capturent les sous-marins meurtriers.

Aussi bien la Grande-Bretagne que l'Allemagne construisent des superdreadnoughts géants, protégés par des plaques de blindage. Les navires allemands sont équipés de canons de 380 mm qui peuvent tirer des obus d'une tonne chaque minute. Les canons allemands peuvent tirer plus loin et avec plus de précision que ceux des Britanniques.

Bataille du Jutland

L'amiral John Jellicoe commande la grande flotte britannique, la *Great Fleet*. L'amiral Reinhardt Scheer commande la flotte allemande de haute mer, la *Hochseeflotte*. Tous deux craignent la destruction de leurs navires. Il n'y aura qu'une seule grande bataille.

Le soir du 31 mai 1916, l'amiral Scheer défie le blocus britannique et avance dans la mer du Nord avec toute la flotte allemande de haute mer, jusqu'à la pointe sud de la Norvège. Les Britanniques l'affrontent dans ce qu'on appellera la bataille du Jutland, au large de la côte du Danemark.

Les rivaux se ruent l'un vers l'autre dans une colossale démonstration de puissance de feu. Les Britanniques comptent 28 dreadnoughts géants et 9 croiseurs de combat, alors que du côté allemand, 16 dreadnoughts et 5 croiseurs de combat dirigent l'attaque. Les canons crachent le feu et les navires explosent. La bataille prend fin au matin. Les Allemands déplorent la perte d'un croiseur de combat, d'un dreadnought, de quatre croiseurs légers et de cinq contre-torpilleurs. Les pertes sont plus importantes du côté des Britanniques : trois croiseurs de combat, quatre croiseurs cuirassés et huit contre-torpilleurs. 6 094 marins britanniques et 2 551 marins allemands ont péri.

Les Britanniques revendiquent la victoire puisqu'ils ont forcé la flotte allemande à regagner ses ports. Celle-ci a pris la fuite en créant un écran de fumée et en couvrant sa retraite par une volée meurtrière de 28 torpilles. La Grande-Bretagne maintiendra son blocus. Les deux flottes éviteront un autre affrontement majeur jusqu'à la fin de la guerre.

Sous-marins décorés

La Croix de fer était une décoration décernée aux héros militaires allemands, équivalente à la Croix de guerre française et à la Croix de Victoria anglaise.

En 1915, après que le sous-marin allemand U-9 ait réussi à torpiller de nombreux navires britanniques, le capitaine allemand, Otto Weddigen, s'est vu accorder l'autorisation de peindre la Croix de fer sur son sous-marin.

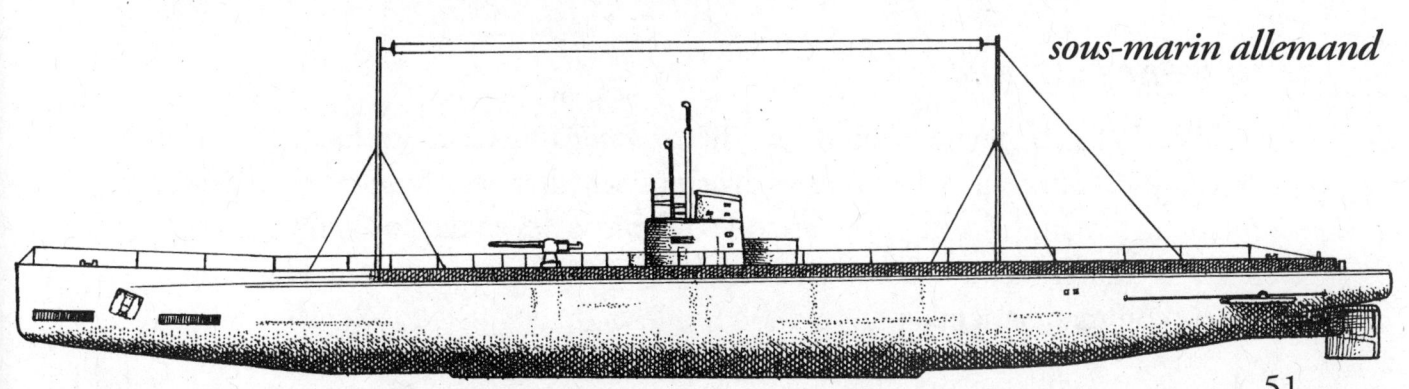

sous-marin allemand

Explosion de Halifax

La marine marchande canadienne fournissait des hommes aux navires britanniques qui traversaient l'océan Atlantique en grands convois pour ravitailler les armées en vivres et en équipement. Au cours des trois mois de l'hiver 1917, les sous-marins allemands ont coulé 800 navires et tué 8 000 marins.

Des milliers de navires entraient au port de Halifax et en sortaient. Le 6 décembre 1917, le navire norvégien S.S. *Imo* entre en collision avec le bateau français S.S. *Mont-Blanc* qui transporte 2 268 tonnes d'explosifs. L'explosion dévastatrice anéantit non seulement d'autres navires et leur équipage, mais également une grande partie d'Halifax et de Dartmouth. Au total, 1 950 hommes, femmes et enfants perdent la vie et 9 000 autres sont blessés. L'explosion a démoli des maisons, des usines et des entreprises causant des dommages évalués à 35 millions de dollars. À l'époque, ce fut la plus grande catastrophe de l'histoire mondiale provoquée par l'homme.

L'heure de la revanche

En juillet 1918, le navire-hôpital canadien *Llandovery Castle* se fait couler. On ne repêche que 24 survivants. Lorsque les divisions canadiennes prennent position durant la première semaine d'août pour l'attaque d'Amiens, les soldats brûlent du désir de se venger. Ils utilisent le nom du navire comme mot de passe pour faire leur rapport au poste de commandement.

Naufrage du Lusitania

En mai 1915, un sous-marin allemand coule le paquebot Lusitania. Parmi les 1 198 civils noyés, 128 sont citoyens américains. L'événement suscite une vague de ressentiment contre les Allemands dans tous les É.-U. Les Allemands promettent d'observer à l'avenir les règles relatives aux paquebots, les *cruiser rules*. En vertu de ces règles, il faut lancer un avertissement au navire avant de le couler, afin de donner le temps aux passagers de s'enfuir dans des canots de sauvetage. Mais, vers le début de 1916, les sous-marins cessent d'avertir les navires de passagers.

Même si les navires marchands neutres des Américains fournissaient des vivres et du matériel militaire aux alliés, ce sont surtout les attaques de sous-marin qui motiveront les États-Unis à déclarer la guerre à l'Allemagne le 6 avril 1917 et à l'Autriche-Hongrie le 7 décembre 1917. En outre, lorsque les espions britanniques interceptent le télégramme d'Arthur Zimmermann, secrétaire d'État allemand aux Affaires étrangères qui invite le Mexique à se joindre à l'Allemagne en attaquant les É.-U., le président Wilson affirme que l'Amérique doit « sécuriser le monde pour préserver la démocratie ».

Changements de nom

Au début du mois de juin 1915, le feld-maréchal lord Kitchener, secrétaire d'État britannique à la guerre, s'embarque sur le HMS *Hampshire* pour aller consulter le tsar de Russie et ses officiers supérieurs. Lord Kitchener se noie lorsque son navire touche une mine au large des îles Orkney et coule. La ville de Kitchener en Ontario, qui s'appelait Berlin, change son nom allemand pour un nom anglais, comme ce sera le cas d'un grand nombre d'autres collectivités au Canada.

Quand les É.-U. déclarent la guerre à l'Allemagne en 1917, les Américains commencent à appeler *liberty sandwiches* (sandwich de la liberté) leurs hamburgers dont le nom s'inspirait de la ville allemande de Hambourg.

À FAIRE

Fabrique un périscope

On se servait d'un périscope dans les sous-marins et les tranchées pour voir plus haut que soi tout en restant caché.

Ce qu'il te faut :
- colle
- 2 miroirs
- 2 feuilles de bristol blanc
- règle
- peinture noire

Ce qu'il faut faire :
1. Dessine la « vue externe » sur un des bristols. Découpe-la et plie les rabats.
2. Retourne-la et dessine la « vue interne » sur l'autre face.
3. Peins l'intérieur en noir. Ne mets pas de peinture sur les rabats ni sur les panneaux des miroirs.
4. Sur le deuxième bristol, dessine et découpe le « haut », le « bas », les panneaux de miroir, le chaperon et la fenêtre.
5. Colle les deux miroirs sur leur panneau.
6. Replie les côtés du tube autour des panneaux de miroir. Colle le côté A sur le rabat du côté D.
7. Colle le haut et le bas, ainsi que le chaperon et la fenêtre.

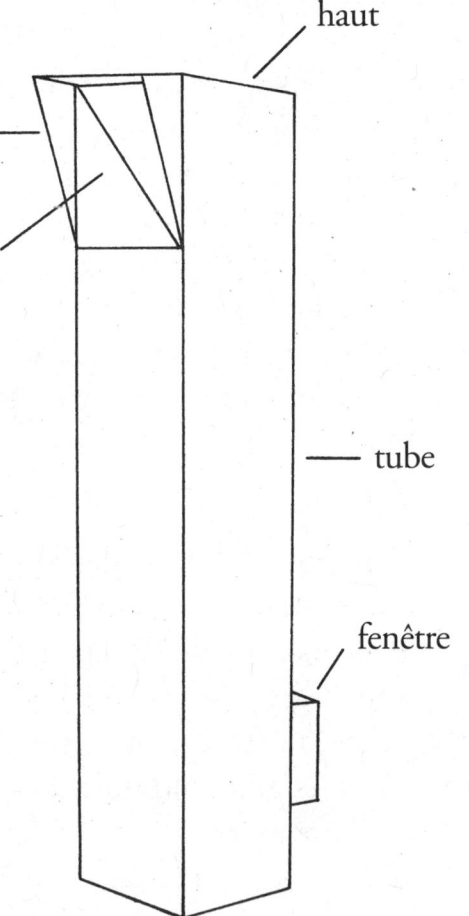

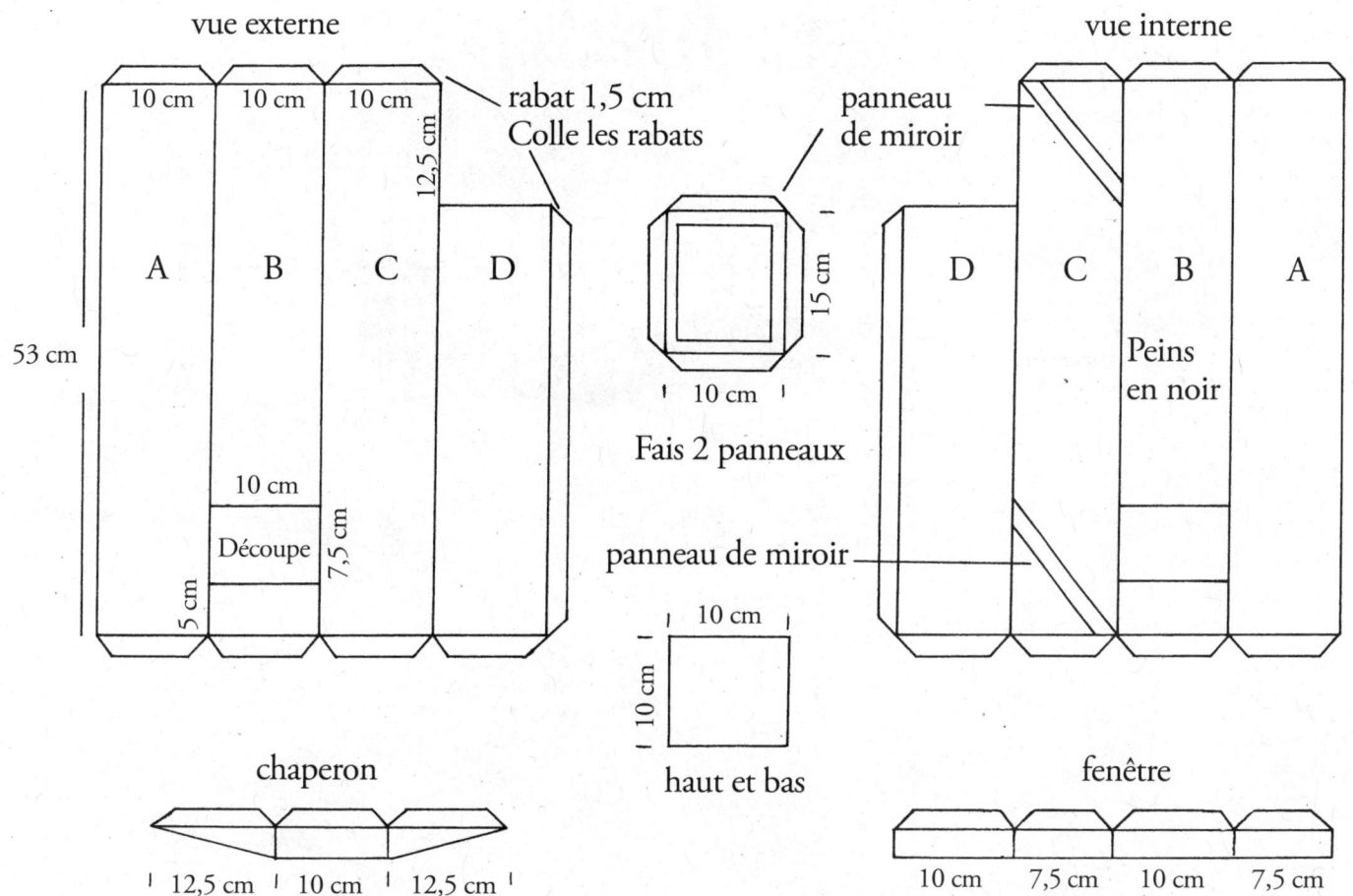

CHAPITRE 6 *As de l'air*

Billy Bishop, Billy Barker et autres

Étant donné que le Canada ne dispose pas d'une force aérienne en 1914, la seule façon pour un Canadien de devenir pilote durant la Grande Guerre est de s'engager dans le British Flying Corps, qui deviendra la Royal Air Force, reconnue comme une troisième force militaire de combat, à l'égal de l'armée et de la marine.

Parmi les 12 As de l'aviation de la Grande Guerre figurent quatre pilotes canadiens.

Machines volantes

Les premières machines volantes n'ont été inventées que 11 ans avant la Grande Guerre. Au Canada, l'inventeur du téléphone, Alexander Graham Bell, et J.A.D. McCurdy, Casey Baldwin et Thomas Selfridge mettent au point des machines volantes. Selfridge crée le biplan *Red Wing* qu'il réussit à faire voler en 1908. McCurdy et Baldwin tenteront de convaincre le ministre de la Défense et de la milice du Canada, Sam Hughes, de la valeur militaire de l'avion, mais le ministre leur répondra que celui-ci « ne jouerait jamais un rôle dans une affaire aussi sérieuse que la défense d'une nation ».

Les avions n'avaient pas encore fait leurs preuves dans les combats mais, à la fin de la guerre, on en aura construit plus de 20 000. Les premiers avions étaient petits, construits en bois recouvert de toile. Leur vitesse ne dépassait pas 100 km à l'heure. Ils ont d'abord servi à photographier les positions ennemies et à transmettre par radio le mouvement des troupes. Les pilotes ne tarderont pas à lancer à la main des bombes et des grenades de leur poste de pilotage dont les côtés sont ouverts, et à tirer sur les pilotes ennemis avec des pistolets et des fusils.

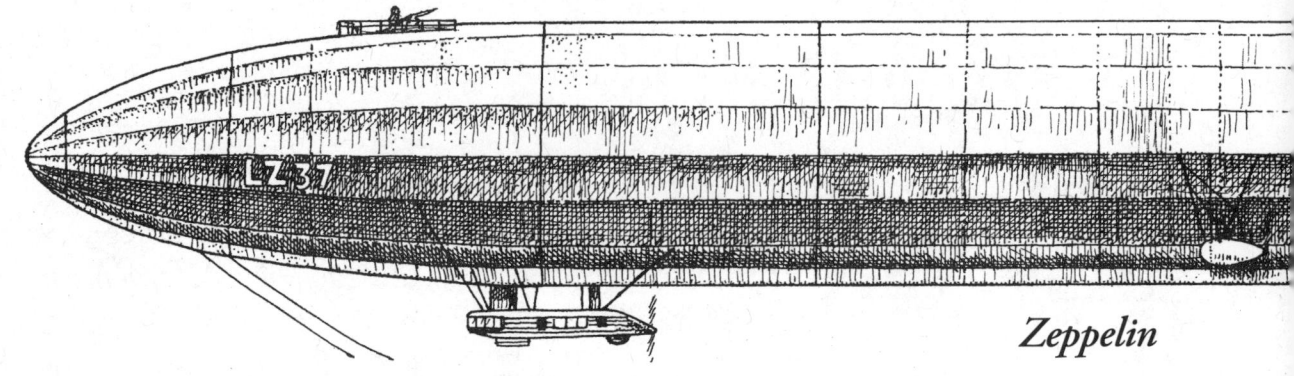
Zeppelin

Inventions

La guerre se poursuit et on construit des avions plus grands qui deviennent des armes de combat plus rapides.

Les triplans allemands *Fokker* sont supérieurs aux avions des alliés. Le perfectionnement d'un interrupteur d'engrenage, en 1915, révolutionne la guerre aérienne. La mitrailleuse est montée devant le pilote. Le tir est synchronisé à l'hélice de sorte que les balles n'endommagent pas les pales. En 1915 et en 1916, la Grande-Bretagne et la France perdent leur suprématie dans les airs. Ils ne copient le secret du tir synchronisé qu'après avoir réussi à capturer un *Fokker EIII*.

À la bataille de Verdun, en 1916, les chasseurs descendent en piqué sur l'infanterie, faisant pleuvoir sur l'ennemi des tirs de mitrailleuse. L'évidence de la suprématie aérienne s'impose. L'Allemagne domine les airs jusque vers la fin de 1917, soit jusqu'à ce que les Britanniques construisent leur *Sopwith Camel*. Celui-ci doit son nom à la « bosse » qui se trouve derrière le moteur et qui loge les mitrailleuses. Avec une grande souplesse et beaucoup d'agilité, cet avion peut tourner brusquement à grande vitesse.

En avril 1918, les Allemands se dotent du *Fokker DVII*. Même s'il est plus lent que le *Sopwith Camel*, il monte mieux et se stabilise plus rapidement après un piqué. L'*Albatros DV* allemand est équipé de mitrailleuses jumelles et orné d'une croix de fer

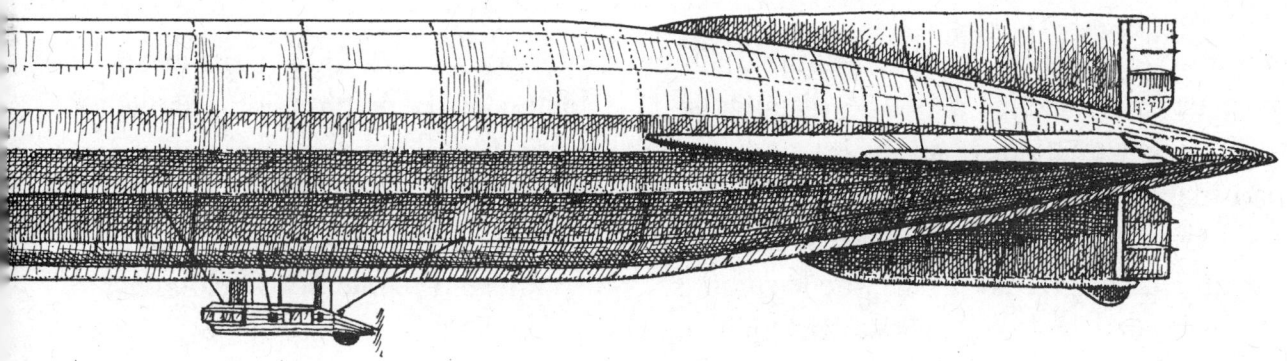

noire sur les ailes. Pour les alliés, les Anglais produiront le *Sopwith Camel SE5* amélioré et les Français le *Spad XIII*.

Vu que leurs ennemis construisent de meilleurs avions, les Allemands modifient leurs tactiques d'attaque habituelles, à un contre un, pour adopter l'escadrille de huit à dix avions de chasse, appelée *Jagdstaffeln*, afin de surpasser leurs opposants en nombre.

Zeppelins
Les Zeppelins allemands sont d'énormes dirigeables qui couvrent de longues distances et laissent tomber des bombes. Les grands L-Zeppelins ont quatre moteurs, peuvent voler pendant 100 heures et laisser tomber 907 kg de bombes d'une hauteur de 2 280 m. L'équipage compte 18 soldats qui sont mitrailleurs, grenadiers, opérateurs radio, pilotes ou navigateurs. Les Zeppelins n'ont pas de sièges, l'équipage est debout durant toute la mission. Si un Zeppelin se retrouve dans les nuages, il descend une nacelle retenue par un câble. Un homme installé dans la nacelle observe ce qui se passe au sol et transmet l'information par radio au dirigeable.

En 1915, les Britanniques ont fabriqué le *Sea Scout Zero SSZ*, un dirigeable léger qui se déplace à 72 km à l'heure, peut rester 17 heures en vol et ne compte que trois membres d'équipage. Il sert à escorter les convois et à détecter les sous-marins allemands (*U-boat*).

Saucisses
On donne le sobriquet de saucisses aux ballons d'observation. Un observateur radio sans défense se balance à bonne distance sous le ballon au bout d'un long câble. La vitesse maximale des ballons est de 80 km à l'heure. Gonflés au gaz hydrogène, inflammable, ces ballons prennent feu lorsqu'ils sont touchés par une balle ou un obus. Des pilotes font la chasse aux saucisses et font exploser les ballons d'observation. C'est un jeu dangereux. Il faut que le pilote soit suffisamment habile pour s'éloigner au plus vite de l'explosion dévastatrice qu'il a provoquée.

Raids aériens
Les Allemands sont les premiers à inventer des avions qui peuvent larguer des bombes du haut des airs. Les Britanniques et les Français ne tarderont pas à en construire aussi. Une guerre s'engage sur le plan technologique dans la construction des bombardiers comme ça avait été le cas pour les avions chasseurs. Les Allemands construisent des avions appelés *Taubes* qui effectuent des raids sur les villes françaises. Afin de protéger les citoyens terrorisés, les Français mettent au point les premiers canons antiaériens.

As de l'air et duels aériens
Le pilote se couvre de gloire, mais au péril de sa vie qui est généralement courte. En moyenne, un pilote qui s'engage dans le British Royal Flying Corps meurt en moins de deux semaines.

On adopte un nouveau vocabulaire. Si le pilote descend un avion ennemi, qui explose en vol ou s'écrase au sol, il a un *kill*. Si un pilote allié réussit cinq *kill*, c'est un « As ». Les pilotes allemands qui réussissent dix *kill* sont des *Kanone*. Les combats entre avions de chasse, surnommés *dogfight*, peuvent engager des douzaines d'avions des deux côtés.

Les pilotes allemands survolent les tranchées deux fois par jour. Ils patrouillent souvent en groupes appelés « cirques ». Les pilotes alliés partent habituellement en « chasse » et volent en solitaire de la tombée de la nuit au lever du soleil. Si un pilote

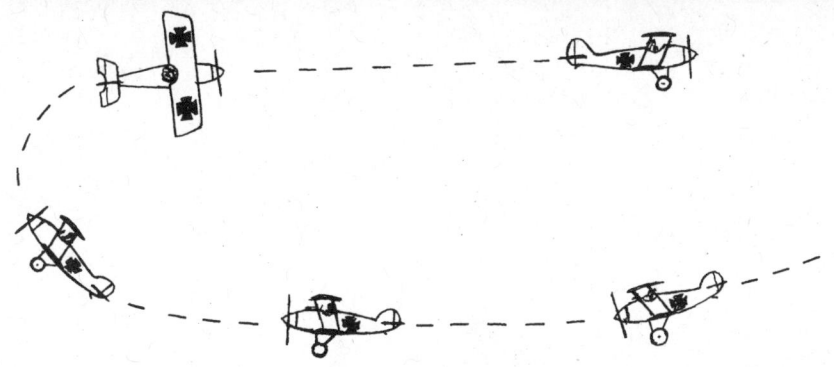

de chasse rencontre un avion ennemi, il se dirige directement vers son adversaire en maintenant sa mitraillette pointée sur lui. Le combat est très personnel, un véritable duel à un contre un. Les adversaires foncent l'un sur l'autre dans un duel à mort. Une astuce consiste à aller se placer derrière son opposant pour l'attaquer par dessus ou par dessous.

Un Allemand, Max Immelmann, invente l'audacieux « Tour Immelmann ». Quand il aperçoit un ennemi derrière lui, il déjoue l'adversaire et renverse la situation en faisant une demi-boucle suivie d'un demi-tonneau. D'autres pilotes copieront et perfectionneront le Tour Immelmann. Ceux qui ne l'ont pas fait sont morts.

Les 12 As de l'air de la Grande Guerre

Baron Manfred Von Richthofen (Allemagne)	*80 victoires*	*Tué à 25 ans*
Paul René Fonck (France)	*75 victoires*	*Survivant*
Billy Bishop (Canada)	*72 victoires*	*Survivant*
Ernst Udet (Allemagne)	*62 victoires*	*Survivant*
Edward « Mick » Mannock (Angleterre)	*61 victoires*	*Tué à 30 ans*
Raymond Collishaw (Canada)	*60 victoires*	*Survivant*
James McCudden (Angleterre)	*57 victoires*	*Tué à 23 ans*
Donald MacLaren (Canada)	*54 victoires*	*Survivant*
Andrew Beauchamp-Procter (Afrique du Sud)	*54 victoires*	*Survivant*
Georges Guynemer (France)	*54 victoires*	*Tué à 22 ans*
Erich Lowenhardt (Allemagne)	*54 victoires*	*Tué à 21 ans*
Billy Barker (Canada)	*50 victoires*	*Survivant*

Idoles des médias

Des deux côtés, des pilotes se rendront célèbres. Par comparaison avec les chevaliers du Moyen-âge qui se livraient à cheval à des joutes mortelles, on appellera ces héros les chevaliers du ciel. Les civils comptent les victoires de leurs héros avec autant d'ardeur que les partisans de hockey enregistrent de nos jours le nombre de buts des joueurs vedettes.

Contrairement aux soldats qui, en bas, les observent de leur tranchée boueuse, les pilotes retournent à leur base après chaque mission. La plupart sont jeunes, autour de la vingtaine. Ils dorment dans des lits douillets, mangent dans des restaurants chics et participent à des soirées déchaînées tard dans la nuit. Ils sont louangés par les politiciens, poursuivis par leurs admirateurs en adoration et couverts de médailles. Mais seulement quelques-uns, les plus habiles et les plus chanceux, survivront à la guerre. La plupart connaîtront une mort atroce dans l'explosion ou l'écrasement de leur avion.

Avril sanglant

Le massacre aérien atteint son comble en avril 1917 lors de la deuxième bataille d'Arras. Le Royal Flying Corps perd le tiers de sa force dans d'intenses combats d'avions de chasse. L'espérance de vie d'un pilote se compte en jours. Les Britanniques ont plus de pilotes que les Allemands, dans une proportion de trois pour un, mais ils en perdront 316. Les As allemands ont plus d'expérience et de meilleurs avions.

Baron rouge

Le meilleur pilote de chasse de la Grande Guerre est un Allemand, le baron Manfred Von Richthofen. Il accumulera en tout 80 victoires. On l'appelle le Baron rouge parce que son triplan Fokker est peint d'un rouge sang éclatant.

Comme la plupart des pilotes des deux camps, il a horreur de ce rôle de chasseur de victoires qu'il lui faut assumer. Il déclarera tristement : « Je suis dans un état d'esprit lamentable après chaque bataille. » Épuisé par ses nombreuses années de vol et de combat, il sera abattu en 1918 par un pilote canadien inexpérimenté, Roy Brown.

Billy Bishop

Quand il était jeune, Billy Bishop chassait au fusil dans les bois voisins de sa maison d'Owen Sound, en Ontario. Il excellait à atteindre des cibles en mouvement. Ce talent en fera plus tard le meilleur As du British Flying Corps.

Au début de la Grande Guerre, Billy se joint au Corps expéditionnaire canadien, mais obtient plus tard un transfert au British Flying Corps. Le 25 mars 1917, aux commandes d'un *Nieuport Scout*, il abat son premier avion ennemi. Deux semaines plus tard, il reçoit la Croix militaire pour avoir abattu un ballon d'observation et un autre chasseur. Le 20 avril, après cinq victoires, il est déjà un As. Dans les tranchées, les soldats d'infanterie assistent aux combats et manifestent leurs encouragements

Le 2 mai 1917, en survolant de très haut la ligne de front, Billy aperçoit cinq avions ennemis sous lui. Il plonge aussitôt et en fait sauter deux, puis chasse les autres. C'est cette manœuvre qui lui vaudra l'Ordre du service distingué, un grand honneur pour un officier subalterne.

Le 2 juin 1917, Billy, surnommé *Lone Hawk* (faucon solitaire), se lève avant l'aube et vole en solitaire sur une distance de 20 km en territoire ennemi. Il attaque un aéroport allemand. Trois avions ennemis décollent pour l'arrêter, mais il les abat. La Grande-Bretagne décerne à Billy sa décoration la plus prestigieuse, la Croix de Victoria, pour la bravoure dont il a fait preuve ce jour-là. En août, Billy compte 47 victoires.

Promu major, Billy Bishop se voit confier une tâche moins risquée comme instructeur des nouveaux pilotes dans l'art de survivre au chaos des combats d'avions de chasse. Cependant, l'action et l'excitation du combat lui manquent.

Billy retourne à la guerre au printemps 1918 à la tête de sa propre escadrille, appelée les *Flying Foxes* (chauves-souris roussettes). Il n'a que 24 ans. En 12 jours, il descend 25 avions allemands et se mérite la Croix du service distingué dans l'Aviation. Le gouvernement français lui remet la Légion d'honneur et la Croix de guerre. Billy Bishop a descendu 72 appareils, dont cinq à son dernier jour au front.

Un contre soixante
Bill Barker a appris à monter à cheval et à chasser le gibier dans les prairies canadiennes près de chez lui, à Dauphin, au Manitoba. Le jeune chasseur est devenu habile à tirer les oiseaux en vol.

Comme caporal dans les Canadian Rifles, il a appris à tirer à la mitrailleuse. Il obtient un transfert au British Air Corps au début de 1916. Bill se fait vite remarquer pour son adresse à la mitrailleuse Lewis. Après deux vols d'instruction, le voilà pilote de chasse. On lui confie un avion et il est promu au rang de capitaine.

Jusqu'à la fin des années 1917, l'aviation autrichienne domine en vol au-dessus de l'Italie, à partir des Alpes jusqu'aux plaines de Lombardie. Cette année-là, Barker met fin à leur hégémonie à la tête de pilotes alliés aux commandes du tout nouveau *Sopwith Camel*.

En désobéissant aux ordres de ne pas trop s'avancer dans le territoire défendu par les Autrichiens, Bill dirige une attaque-surprise le jour de Noël. Son escadrille bombarde des mess et détruit des avions en piste. Bill vole en rase-mottes, ses roues rebondissant sur le sol. Il tire dans les portes ouvertes des hangars. Au cours d'un autre raid, il mitraille le quartier général autrichien. Il bombardera également l'ennemi de milliers de tracts, mettant les pilotes autrichiens au défi de se battre en duel aérien. En septembre 1918, l'As canadien fait figure de légende avec ses 40 victoires.

L'ordre de retourner en Angleterre former les nouveaux pilotes ne plaît guère à Barker, il se sent triste d'avoir à renoncer aux combats. En retournant en Angleterre dans son *Sopwith Snipe*, il aperçoit un avion de reconnaissance allemand. Obéissant à ses instincts de chasseur, il s'approche furtivement de sa proie et la mitraille. L'avion ennemi explose en vol.

Au moment où Bill effectue un virage pour continuer son voyage, des balles traversent le côté de son poste de pilotage, lui fracassant la cuisse droite. Un *Fokker* allemand l'a pris au dépourvu. Son avion pique du nez vers une mort certaine et Bill perd connaissance. Après avoir chuté de 610 m, notre héros reprend le contrôle de son appareil, repère l'ennemi et tire une volée de balles qui expédient son adversaire en flammes au sol. Pendant que Bill observe l'avion ennemi s'écraser dans un nuage de fumée, il réalise que son *Snipe* est de nouveau la cible des tirs ennemis. Trois escadrilles d'avions de chasse allemands le survolent. Il fait face à plus de 60 *Fokker*. Il en abat trois autres, mais une autre balle l'atteint, cette fois à la cuisse gauche. Il a perdu l'usage des deux jambes.

Il s'évanouit encore et se remet à tomber quand un coup de vent dans le poste de pilotage ouvert le ranime. Il parvient à descendre un cinquième avion ennemi, mais un Allemand a eu le temps de s'acharner sur Bill blessé au coude du bras qui actionne la manette des gaz. Il perd encore conscience, chutant de 1 520 m avant de reprendre ses esprits.

Il manœuvre le manche à balai de sa main valide tout en appuyant sur le bouton de tir, ce qui lui permet d'abattre un autre appareil ennemi avant de prendre la fuite. D'autres *Fokker* lui bloquent le passage. Il se défait de ces nouveaux assaillants et atterrit brutalement derrière les lignes britanniques. Hébété et en sang, il rampe hors de son *Snipe* criblé de balles et renversé dans la boue. Il a réussi à descendre 6 des 60 triplans ennemis avant qu'ils ne l'obligent à fuir.

Billy Barker survivra et reprendra les airs. Il accumulera 50 victoires et recevra la Croix de Victoria, l'Ordre du service distingué, la Croix militaire, la Croix de guerre de France et la Médaille d'argent de la valeur militaire de l'Italie.

Farceurs

En attaquant une piste d'atterrissage française, un pilote allemand perd un de ses gants de cuir doublés de fourrure, des gants de grande valeur. Le jour suivant, il retourne au même endroit et jette le deuxième gant pour compléter la paire. Un pilote allié les trouve et va jeter un mot de remerciement sur la piste d'atterrissage allemande.

À une autre occasion, le pilote anglais L.A. Strange bombarde une base aérienne allemande de ballons de soccer, juste pour s'amuser.

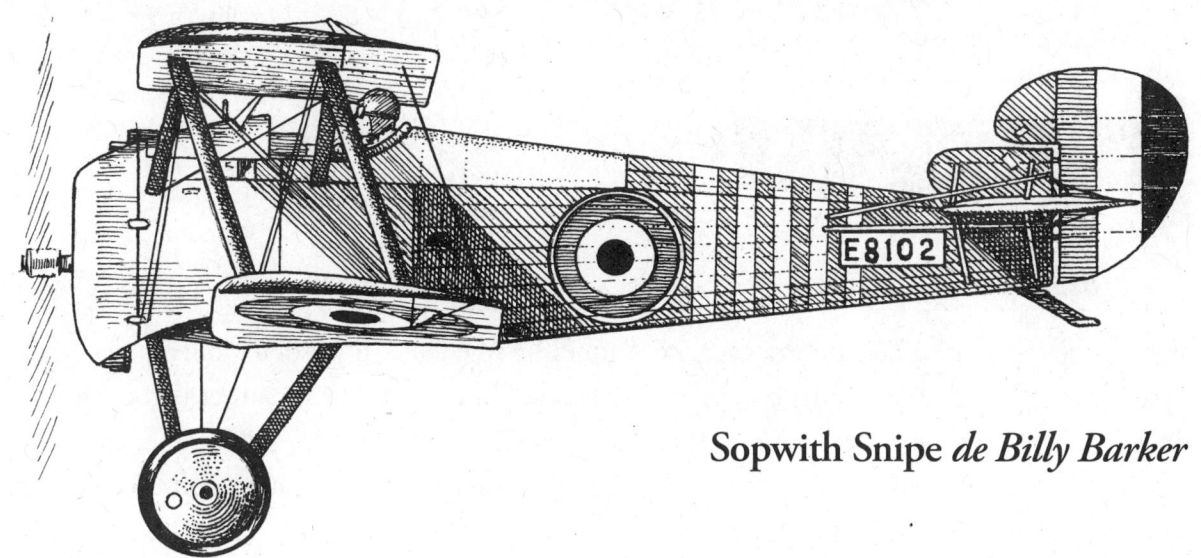

Sopwith Snipe *de Billy Barker*

Sans parachute!

Les avions coûtaient cher à construire. On défendait aux pilotes britanniques de porter un parachute, afin de les obliger à tout faire pour sauver leur avion. Un As célèbre, Mick Mannock, portait sur lui un pistolet pour se tuer rapidement au cas où son avion serait touché et prendrait feu.

Fixer du regard

L'usage du terme anglais « eyeballing » (fixer du regard) s'est répandu durant la Grande Guerre. Quand un avion était touché, le vainqueur piquait du nez pour descendre à la hauteur de son adversaire en chute libre et le regarder fixement, en signe de respect, avant que le pilote et son avion ne s'écrasent en flamme.

• *À FAIRE* •

La cible

Voici un jeu qui met à l'épreuve ta capacité d'atteindre une cible. Il y a deux joueurs par équipe, le lanceur et l'observateur. Le lanceur envoie le sac de fèves par-dessus l'écran et l'observateur lui dit où le sac a atterri sur la cible. L'anneau A (le centre de la cible) vaut 5 points; l'anneau B vaut 4 points; l'anneau C vaut 3 points; l'anneau D vaut 2 points; l'anneau E vaut 1 point. La première équipe à obtenir 100 points gagne la partie.

Ce qu'il te faut :
- écran : un drap ou une couverture accrochée à une corde à linge ou un filet de volley-ball
- 4 sacs de fèves ou de vieux bas remplis de sable
- craie pour dessiner la cible

Ce qu'il faut faire :
1. Au moyen de la craie, dessine une cible de 4 mètres de diamètre. Ajoute les anneaux et le centre.
2. Installe l'écran de sorte que le lanceur ne puisse pas voir la cible de l'autre côté.
3. Un membre de la première équipe est le lanceur et l'autre l'observateur. Le lanceur envoie le sac de fèves par-dessus l'écran et l'observateur lui dit où le sac a atterri sur la cible. Par exemple : à 9 heures sur l'anneau E.
4. Après trois lancers, l'observateur devient le lanceur. C'est ensuite le tour de l'autre équipe.

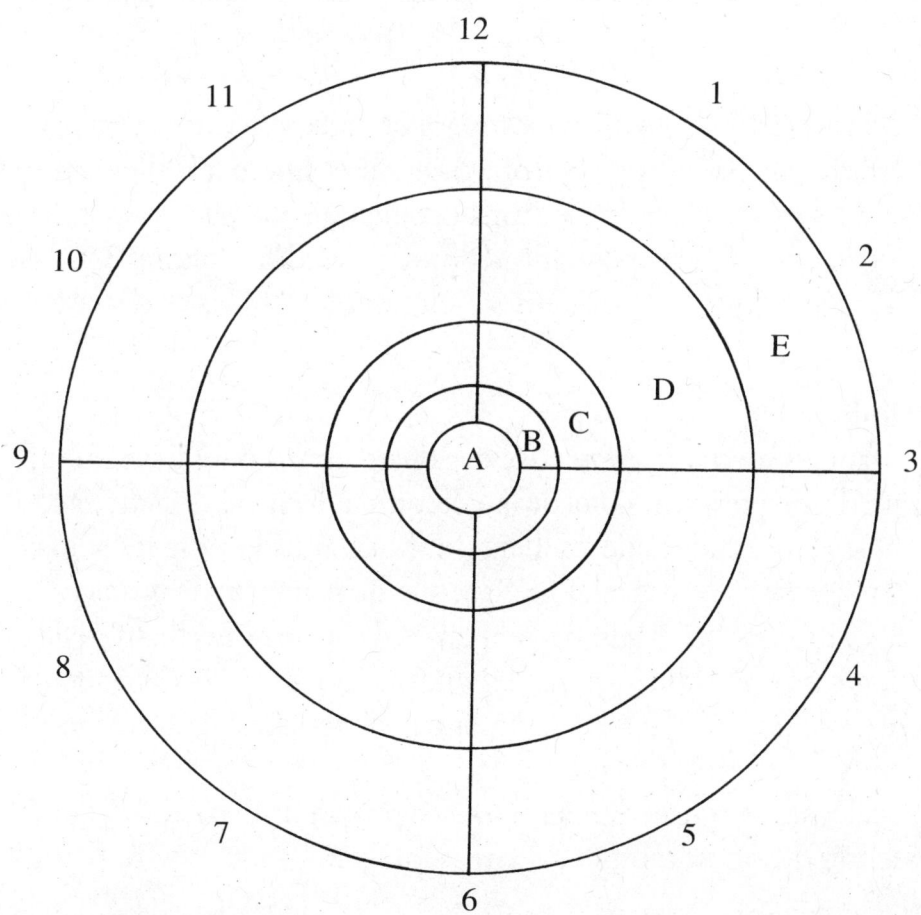

CHAPITRE 7 — *Les dernières années*

Julian Byng, Arthur Currie et autres

À la déclaration de la guerre, la plupart des gens pensent qu'elle ne durera pas. Ils croient que la Grande Guerre fera naître des héros et engendrera de glorieuses victoires. Dès la troisième année, les rêves d'aventure et l'excitation cèdent la place à l'horreur pendant que les soldats s'affrontent dans les tranchées boueuses.

La plupart des 32 000 soldats du premier contingent canadien, le Princess Pats, seront blessés ou tués. Des centaines de milliers d'autres soldats canadiens iront à leur suite se battre en France.

La révolution russe éliminera le front oriental et libérera l'Allemagne qui pourra alors concentrer son offensive sur le front occidental. En 1916-1917, les Allemands se battent contre les Français pendant 10 mois à Verdun, faisant 250 000 victimes. En avril 1917, les puissants États-Unis se joignent aux Alliés et déclarent la guerre à l'Allemagne.

La ligne Hindenburg

Durant la Grande Guerre, les généraux des deux camps pensaient qu'une fois qu'on s'était emparé d'une position, il fallait la défendre à tout prix. Cette façon de voir les choses entraîne des centaines de milliers de morts inutiles, car les soldats prennent, perdent et reprennent sans cesse les mêmes quelques mètres de terrain.

En 1916-1917, les Allemands mettent en œuvre une nouvelle stratégie. Ils utilisent des prisonniers russes comme ouvriers de construction de la ligne Hindenburg derrière leurs tranchées de première ligne. Cette ligne est constituée de profondes tranchées qui s'étendent sur 160 km. Elle est protégée par des murs en béton, des barbelés, des nids de mitrailleuses et l'artillerie. Les soldats demeurent derrière la ligne Hindenburg pour leur sécurité jusqu'au moment d'être déployés.

La crête de Vimy (9 avril 1917)
Pour les Alliés, il est primordial d'occuper la crête de Vimy sur le front occidental. Cette crête, d'une longueur d'un peu plus de 14 km, est une position fortifiée des Allemands qui surplombe la campagne. Elle se compose de trois rangées de tunnels, d'abris et de nids de mitrailleuses protégés par du béton et des barbelés. L'assaut de 1915 par les Français est infructueux et entraîne de lourdes pertes. En 1916, une tentative des Britanniques échoue. En avril 1917, on donne l'ordre aux Canadiens de s'emparer de la crête de Vimy.

Pendant une semaine, l'artillerie canadienne fait des ravages dans les camps ennemis. Puis le lundi de Pâques, malgré une tempête de neige aveuglante, les quatre divisions canadiennes montent à l'assaut. Elles sont la cible des tireurs d'élite ennemis. Les 1re, 2e et 3e divisions se battent avec acharnement et atteignent leur objectif.

La 4e division prend d'assaut la colline 145, le point le plus élevé de la crête de Vimy. Après deux jours d'affrontements et des pertes immenses, les soldats s'emparent de la crête, à l'exception du « Bourgeon », le sommet du pic nord. Les Allemands s'empressent d'envoyer des renforts. Le 12 avril, les Canadiens et le 1er Corps britannique avancent malgré le verglas et la neige aveuglante, les Allemands battent en retraite.

Les Canadiens se sont emparés de Vimy. C'est la première victoire en deux ans et demi de combat. La force unifiée canadienne a pris plus de terrain à l'ennemi et a capturé plus de prisonniers que ce qui avait été effectué dans toutes les autres batailles britanniques précédentes. Au prix de 10 602 victimes, les Canadiens en tireront une nouvelle fierté nationale.

Les batailles d'Arras (avril et mai 1917)
L'occupation de la crête de Vimy fait partie d'un plan d'offensive plus vaste du général Haig. Les Britanniques participent à quatre batailles à Arras le long de la Scarpe. Ces batailles visent à soutenir un assaut des Français qui en est au point mort et qui avait fait de nombreuses victimes.

La première bataille, à Bullecourt, vise à percer la ligne Hindenburg. Les Allemands mènent une contre-offensive et s'emparent de chars d'assaut, puis massacrent la 4e division australienne. Cette bataille prend fin le 14 avril.

La deuxième bataille commence vers la fin du mois d'avril. Les Canadiens s'emparent de leur objectif, la rocade d'Arleux, un territoire situé entre les positions britanniques.

Au cours de la troisième offensive, les 3 et 4 mai, les Canadiens déplorent de nombreuses pertes de vie, mais parviennent à s'emparer du village de Fresnoy et maintiennent leur position. Les attaques alliées échouent ailleurs, à l'exception des Australiens qui s'emparent de Bullecourt.

Le 5 mai, alors que la 1re division canadienne est au repos, remplacée par les soldats britanniques à Fresnoy, les Allemands attaquent et reprennent la ville. Ce sera la dernière des batailles d'Arras.

Le général Currie suggère d'attaquer les positions allemandes par une série de raids puis de se retirer rapidement. Le plan fonctionne. Les raids déconcentrent l'ennemi et la deuxième armée britannique l'emporte à Messines le 7 juin 1917.

Le général Arthur William Currie

Le général Byng est promu commandant de la troisième armée britannique. Le général Haig nomme Arthur Currie commandant du Corps canadien. Currie est le premier Canadien à commander l'ensemble des troupes canadiennes.

Arthur Currie est né en 1875 à Napperton, en Ontario. Il déménage en Colombie-Britannique à l'adolescence, devient professeur et homme d'affaires, puis s'enrôle dans la milice et accède au rang de général.

Le général Currie ne perdra aucune bataille. Il fera des divisions canadiennes une remarquable force de combat. Currie est un rebelle qui obéit à son instinct. Il réfute les stratégies militaires de la vieille école, lesquelles entraînent souvent des pertes de vie inutiles. Il ignore les ordres qui mettent ses hommes en danger, suggérant à la place de meilleurs plans. Il mène à terme toutes les missions qui lui sont confiées. Les Français et les Anglais imiteront ses stratégies militaires innovatrices.

La colline 70 (15 août 1917)

En 1914, les Allemands s'emparent de Lens, la plaque tournante de l'industrie du charbon en France. De nombreuses tentatives des Alliés pour libérer la ville échouent. En 1917, on confie aux Canadiens une tâche apparemment insurmontable.

C'est le premier défi du général Currie. Il cible la colline 70, terrain surélevé au nord de la ville, qu'il attaque par des raids éclair et des bombardements d'artillerie, y compris des obus à gaz. L'avancée de l'infanterie est précédée de tirs de mitrailleuse. La brigade du génie d'assaut lance des bidons d'huile bouillante sur les défenseurs allemands.

Déterminés à rester sur leurs positions, les Allemands ripostent au gaz moutarde et dépêchent de grands renforts à Lens. Après trois jours d'affrontements, les Canadiens déplorent 5 800 victimes. Quatre Croix de Victoria seront décernées aux Canadiens, dont trois à des héros morts sur le champ de bataille. La colline 70 est prise et les Canadiens contrôlent les hauteurs, mais Lens restera aux mains des Allemands jusqu'à l'année suivante.

Passchendaele (26 octobre 1917)

Les Canadiens reçoivent l'ordre de s'emparer de la ville de Passchendaele, une position stratégique dans les Flandres. Les forces britanniques tentent d'y parvenir depuis un mois, mais n'ont réussi qu'à perdre 68 000 hommes. Haig veut séparer les Canadiens, mais Currie insiste pour qu'ils restent tous ensemble, ne formant qu'une équipe. Confrontant le général Haig, il lui demande de retarder l'assaut jusqu'à ce que les routes soient praticables et afin de préparer le champ de bataille de manière à limiter le nombre de victimes.

Les bombardements et les gaz sternutatoires (qui font éternuer) combinés au gaz moutarde gênent le travail des Canadiens qui réparent les routes et aménagent la ligne d'attaque. Il y a déjà 1 500 victimes, avant même le début de l'assaut. Des murs en béton, d'une hauteur de cinq pieds, protègent l'ennemi qui a creusé ses tranchées dans la crête qui surplombe Passchendaele.

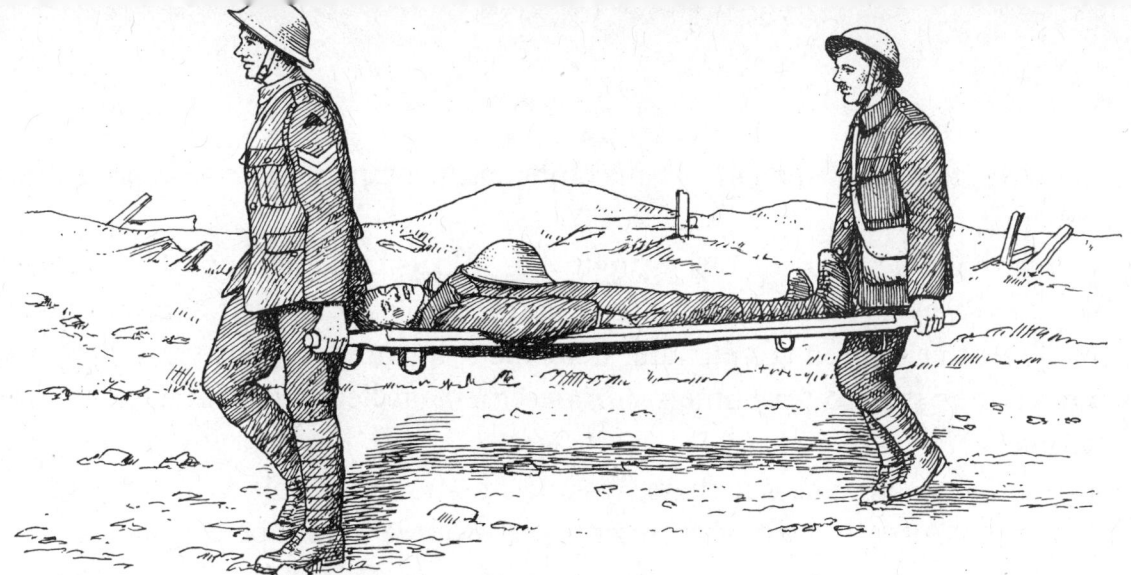

Les 3e et 4e divisions canadiennes sont les premières à attaquer. Elles perdent 2 500 hommes en trois jours. Le 30 octobre, 2 300 hommes de plus sont morts ou blessés. Le 5 novembre, les 1re et 2e divisions les remplacent. Le lendemain matin, Passchendaele est pris en moins de trois heures, mais au prix de 2 200 autres victimes. La crête demeure aux mains de l'ennemi.

Quatre jours plus tard, sous une pluie battante, la troisième bataille d'Ypres prend fin à Passchendaele. Le combat a duré 28 jours, mais les Canadiens sont finalement parvenus à s'emparer de la crête. Les pertes sont lourdes, la victoire ayant coûté près de 16 000 victimes canadiennes.

La cavalerie canadienne à Cambrai (20 novembre 1917)

Les Britanniques attaquent Cambrai pour mettre à l'épreuve leurs chars d'assaut et leur cavalerie. Le 20 novembre, aidés d'une couverture aérienne, 376 chars d'assaut rugissants forment une ligne de 10 km de largeur, et avancent rapidement sur une distance de 5 km. Les tirs ennemis anéantissent 65 chars d'assaut et 114 font l'objet de bris mécaniques.

La brigade de cavalerie canadienne monte à l'assaut. Des milliers de chevaux participent à la bataille, leurs cavaliers brandissant le sabre. Les hommes du régiment Fort Garry Horse se ruent sur l'artillerie et l'infanterie ennemies, semant ainsi le chaos.

Le chef de l'escadron canadien meurt au combat. Le lieutenant Harcus Strachan prend le commandement.

La nuit venue, les Canadiens s'égarent. Les soldats ennemis approchent de tous les côtés. Les cavaliers mettent pied à terre, dispersent leurs montures, tirent l'épée et tentent de rentrer tout en combattant. Seulement quarante soldats survivront, mais ramèneront avec eux 16 prisonniers. On décernera au lieutenant Strachan la Croix de Victoria.

La foudroyante attaque des chars d'assaut a démontré la valeur de ces nouveaux engins, mais les Allemands riposteront et reprendront le terrain perdu.

L'offensive allemande (mars 1918)

Les Allemands ont déplacé des milliers de soldats du front est et du front italien vers le front occidental. Ils veulent à tout prix obtenir une victoire majeure avant l'arrivée des *Doughboys** de la grande armée américaine.

Le Corps canadien est à Lens, il fait partie de la première armée britannique. Durant tout l'hiver, les Canadiens ont renforcé leurs défenses, construisant 400 km de tranchées protégées par 500 km de barbelés, 320 km de tunnels et des mitrailleuses. Les défenses sont conçues de manière à protéger une ligne de front de 16 km.

Cachée derrière un épais brouillard, la puissante armée allemande lance son offensive. Les Britanniques battent en retraite dans la confusion. Les troupes allemandes se lancent à leur poursuite et s'emparent de 40 km de territoire.

On envoie les 1re et 2e divisions canadiennes rejoindre en renfort la troisième armée britannique. Le général Currie s'adresse à ses soldats en ces termes : « Vous avancerez ou tomberez là où vous serez… Ceux qui tomberont… ne mourront pas, mais accéderont à l'immortalité. Vos mères… seront fières d'avoir donné naissance à de tels fils. »

Des moteurs à la rescousse

Raymond Brutinel, maintenant général, a formé la Canadian Motor Machine Gun Brigade (brigade canadienne de mitrailleuses motorisées) pour des opérations

---

* *Doughboys* est le surnom des soldats de l'infanterie américaine. Ils étaient fiers de leur surnom.

Motors *de Brutinel*

rapides et mobiles de combat. On en a désespérément besoin et on donne l'ordre à la brigade de se rendre à Amiens pour contrer l'avancée allemande. La brigade parcourt 160 km et entre en action le jour même. Elle se compose de 20 véhicules, 40 armes de tir, 280 hommes et 51 motocyclettes.

La brigade couvre la retraite des Britanniques en harcelant l'ennemi. Dans des raids éclair, elle met l'ennemi en déroute par des tirs en rafales, puis disparaît à toute vitesse. Elle cause bien des ravages, mais subit de lourdes pertes. Une de ces escarmouches n'épargnera que 8 personnes sur 50, tous les officiers étant morts à l'exception d'un seul qui a laissé un bras sur le champ de bataille. On entraîne rapidement de nouvelles recrues pour les remplacer.

La bataille d'Amiens (du 8 au 11 août 1918)

Les Allemands reprennent le territoire conquis par les Canadiens. Ils avancent de 40 km, mais sont arrêtés en dehors d'Amiens. Le Corps canadien se trouve au milieu de la contre-offensive. Ils ont les Australiens à leur gauche et la première armée française à leur droite.

Les Allemands ne sont pas prêts. Camouflés par un brouillard matinal et avec l'aide de l'aviation, de l'artillerie, des mitrailleuses, des chars d'assaut et de la cavalerie, les Canadiens s'abattent sur les Allemands. C'est un bain de sang. Quatre divisions

canadiennes repoussent 15 divisions allemandes et s'emparent de 22 km de territoire sur une ligne de front de 9 000 m. Ils font 9 000 prisonniers et s'emparent de 200 canons et de 1 000 mitrailleuses et mortiers de tranchée. Les Canadiens déplorent 11 000 victimes. De petites escarmouches feront par la suite 2 000 victimes de plus. Le général Byng décrira cet assaut comme « la meilleure opération de la guerre ».

Des chevaux contre les mitrailleuses

Au cours d'un raid, le lieutenant Harvey, du régiment Lord Strathcona's Horse, sonne la charge et capture des ennemis, pourtant trois fois supérieurs en nombre. À Amiens, le lieutenant Gordon Flowerdew commande la cavalerie dans un assaut contre un nid de mitrailleurs. Les cavaliers combattent l'ennemi au sabre. Flowerdew, à qui on décernera la Croix de Victoria pour bravoure, mourra au combat.

L'attaque sur la ligne Hindenburg (d'août à octobre 1918)

Après Amiens, on envoie les Canadiens dans le secteur d'Arras avec ordre de percer l'invincible ligne Hindenburg et d'occuper Cambrai. Pour y parvenir, il leur faut vaincre sur trois lignes âprement défendues. Les services de renseignements de l'Allemagne ont averti leurs hommes que « les Canadiens, les meilleures troupes britanniques », sont positionnés à la Scarpe. Les Allemands les attendent.

La ligne Fresnes-Rouvroy (août 1918)

L'affrontement commence le 26 août. Il faut deux jours de combats acharnés aux Canadiens pour atteindre la première fortification, la ligne Fresnes-Rouvroy.

Les soldats canadiens pataugent à grand-peine dans la boue épaisse et traversent la rivière Sensée à la nage. Après un combat acharné, dans l'eau jusqu'à la taille, ils doivent se replier deux fois. À leur troisième tentative, ils s'emparent de l'autre rive. Un très grand nombre de soldats et tous les officiers y restent. Le médecin prend les commandes, mais ne tarde pas à faire aussi partie des victimes. Tous les Canadiens, à l'exception de 70 sur 600 combattants, sont blessés ou morts. Le 31 août, la ligne Fresnes-Rouvroy est conquise.

La ligne Drocourt-Quéant (septembre 1918)
Le prochain obstacle à franchir sur la route vers Cambrai est la ligne Drocourt-Quéant, encore mieux défendue que la première. Épuisées, mais confiantes, les 1re et 4e divisions canadiennes avancent sous les éclairs et le tonnerre aussi assourdissants que leur artillerie. Ils gagnent 8 km de terrain le long d'un front de 6 400 m, au prix de 5 600 victimes, pour aller s'emparer de la ligne Drocourt-Quéant.

Les 2e et 3e divisions canadiennes remplacent les 1re et 4e divisions très éprouvées par le combat, au canal du Nord, la dernière défense avant Cambrai. Le commandant des Alliés, le général Ferdinand Foch, ordonne d'attaquer tout le long du front occidental : les Belges sont dans les Flandres, les Britanniques (y compris les Canadiens) à Cambrai, les Français à Mézières et les nouveaux venus, les *Doughboys* américains, en Argonne-Meuse.

Changement de plans
Le général Haig ordonne aux Canadiens d'attaquer de front pour permettre à l'Armée britannique de prendre Cambrai. Le général Currie pense que ce serait un suicide. Il découvre un passage étroit de l'autre côté du canal, beaucoup plus au sud. Il propose une attaque rapide et sournoise des soldats canadiens qui pourraient se frayer un passage tant bien que mal de l'autre côté du canal et surprendre l'ennemi par-derrière. Le plan est brillant, mais dangereux. S'ils sont découverts, les Canadiens seront massacrés. Mais Currie réussit à imposer son idée.

Le canal du Nord (septembre et octobre 1918)

Les Canadiens changent secrètement de position pour se rapprocher du passage étroit choisi par Currie. Le 27 septembre, ils se faufilent rapidement vers le lit asséché du canal et rampent jusqu'à l'autre rive. Les Allemands s'en rendent compte trop tard. Les soldats de la 1re division les délogent, permettant ainsi aux Britanniques de traverser le canal. La 4e division attaque l'ennemi dans le village de Bourlon, mais la troisième armée britannique, accompagnée de la 3e division canadienne, est ralentie par une forte résistance. Sans son appui, la 4e division canadienne est vulnérable. Les hommes sont fauchés par les tirs de mitrailleuses. Une bataille sanglante fait rage pendant quatre jours. Les Canadiens se font tremper par des pluies torrentielles alors qu'ils prennent des positions, les perdent et les reprennent. Mais le général Currie gagne son pari.

Les Allemands quittent Cambrai. Du 28 août au 11 octobre, les Canadiens avancent de 37 km, engagent le combat avec 31 divisions ennemies et libèrent 54 villages, mais déplorent 30 806 victimes.

On entrevoit enfin un terme à la Grande Guerre. En octobre 1918, la Bulgarie, l'Autriche-Hongrie et la Turquie se sont rendues aux Alliés, mais la fière armée allemande est déterminée à combattre jusqu'à la mort.

Général Arthur Currie

La poursuite jusqu'à Valenciennes (octobre 1918)

La brigade de cavalerie canadienne traverse au galop les villages de la commune du Cateau, affrontant mitrailleuses et artillerie. Ils prennent 13 km de territoire et font 400 prisonniers. La 4e division libère la ville de Demain.

Les Allemands se dirigent vers Valenciennes, pillant, incendiant et détruisant tout sur leur passage à mesure qu'ils battent en retraite. Dans l'amertume de la défaite, ils commettent plusieurs atrocités. Quand les Canadiens libèrent des populations, les gens descendent dans les rues pour les acclamer et les embrasser. Les soldats partagent leur nourriture avec les villageois affamés, avant de se remettre à la poursuite de leurs ennemis, qui représentent toujours un danger.

À Valenciennes, les Canadiens s'emparent du mont Houy, permettant ainsi à l'artillerie du général McNaughton de bombarder les positions ennemies situées plus bas. Le 1er novembre, avant l'aube, l'infanterie lance l'assaut. Les Allemands abandonnent la ville, laissant derrière eux les morts : 800 soldats allemands, 80 Canadiens.

De la mer du Nord, les Alliés se dirigent vers Verdun. La pluie emporte les routes, entravant la marche de l'infanterie, des véhicules de ravitaillement et des civils qui tentent de fuir les zones de combat. Les hommes du Corps du génie royal canadien s'affairent à entretenir les routes et à les rendre praticables. Le nouveau défi est de nourrir des milliers de réfugiés affamés qui bloquent les routes, fuyant en lieux sûrs.

Mons (10 et 11 novembre 1918)

Après Valenciennes, les soldats de la 4e division se voient accorder un répit. La 2e division la remplace et reçoit l'ordre de s'emparer de Mons. Le 10 novembre, les Canadiens s'approchent de la ville belge, sous les tirs d'artillerie et de mitrailleuse. Dès minuit, l'ennemi a déserté le secteur. Le Royal Highlanders of Canada a chassé les derniers Allemands.

Les citoyens sortent du lit et se mettent à courir dans les rues pour fêter leur libération. Ils viennent de subir quatre années d'occupation depuis la première bataille de Mons. Seulement un Canadien perdra la vie à Mons.

Le général Foch avait sélectionné des Canadiens pour mener l'assaut final des Alliés durant les 100 derniers jours de la guerre. Ils vaincront 64 divisions allemandes.

La Grande Guerre prend officiellement fin à 11 h, le 11ᵉ jour, du 11ᵉ mois. Les Canadiens se font la promesse de ne jamais oublier de telles tragédies.

Le Traité de Versailles

Le traité de paix signé à Versailles en France, le 28 juin 1919, ne servira à rien. Il mènera à une autre guerre mondiale 20 ans plus tard. Lorsque la Deuxième Guerre mondiale éclate, on commence à parler de la Grande Guerre comme de la Première Guerre mondiale.

Le nombre de morts

Environ 628 000 Canadiens se sont engagés durant la Grande Guerre. De ce nombre, 233 000 ont perdu un bras, une jambe ou la vue, ou ont été empoisonnés; 59 544 ont été tués.

Au total, 65 millions de soldats ont combattu durant la guerre, et plus de la moitié ont été blessés ou tués. Ce bain de sang a tué 8 millions de combattants; a rendu malades ou gravement malades 2 millions de personnes; en a blessé 21,2 millions d'autres; et 7,8 millions de soldats ont été faits prisonniers ou portés disparus. Environ 9 millions de civils sont morts de faim ou de maladies, sous le feu des tirs d'artillerie ou à cause des raids aériens.

Pandémie

Durant les 100 derniers jours de la Grande Guerre, une autre tragédie frappe l'humanité. En 1918, la grippe espagnole se propage partout dans le monde et contamine environ un milliard de personnes (la moitié de la population mondiale). Elle tuera de 25 à 40 millions de personnes dans le monde, y compris 50 000 Canadiens et Canadiennes.

Nombre de morts et de blessés durant la Grande Guerre

Pays	Morts	Blessés
Allemagne	1,8 million	4 millions
Russie	1,7 million	
France et colonies	1,4 million	4,3 millions
Autriche-Hongrie	1,2 million	
Grande-Bretagne et empire*	1 million	2 millions
Canada	59 544	233 000
Italie	600 000	
Empire ottoman	400 000	
Roumanie	336 000	
États-Unis	126 000	
Bulgarie	87 000	
Serbie	45 000	
Belgique	13 700	
Portugal	7 200	
Grèce	5 000	
Monténégro	3 000	
Japon	300	

* Le Canada est aussi compris dans l'Empire britannique.

Un héros autochtone

Francis Pegahmagabow est le soldat autochtone de l'armée canadienne le plus décoré durant la Grande Guerre. Francis était un Ojibwé de la réserve Parry Island, en Ontario. Il a servi comme éclaireur et tireur d'élite dans la 1re division. Il transportait des messages d'importance majeure et a été grièvement blessé à deux reprises. Il a capturé 300 soldats ennemis et en a tué 378 autres. On lui a décerné trois fois la Médaille militaire pour son courage au combat durant les batailles de la Somme, de Passchendaele et d'Ypres.

Les Dumbbells

Face à la mort et à la destruction, les soldats ont vraiment besoin de rire et de se détendre. Parmi les unités qui viennent les divertir durant la guerre, la troupe canadienne appelée les *Dumbbells* est unique en son genre. Elle monte des spectacles pour les soldats.

Le capitaine Merton Plunkett, un officier responsable des divertissements envoyé par le YMCA, est affecté à la 3e division canadienne en France. Il réunit 10 volontaires, dont son jeune frère Al qui s'est enrôlé dans l'armée à 16 ans. Le nom de leur troupe s'inspire de l'insigne de la 3e division, l'haltère rouge. Ils remontent le moral des troupes en chantant des chansons populaires et en présentant des saynètes, souvent déguisés en femmes. Lorsqu'ils ne se produisent pas en spectacle, ils sont brancardiers. Même dix ans après la fin de la guerre, les *Dumbbells* feront une tournée au Canada et deviendront des vedettes internationales.

Des héros solitaires

Durant l'assaut de Hindenburg, le lieutenant Charles Rutherford du 5e bataillon du Canadian Mounted Rifles se mérite la Croix de Victoria pour avoir protégé à lui seul le village de Monchy. Après s'être emparé d'un poste de mitrailleurs, il en force un autre à se rendre. Il fait 45 prisonniers. Lorsque les soldats de Rutherford arrivent, ils capturent à leur tour 35 prisonniers malgré les tirs de mitrailleuse et d'artillerie. Ils prendront 13 km de terrain et feront 400 prisonniers.

Une autre Croix de Victoria sera décernée au capitaine C. N. Mitchell. À Cambrai, au moment où l'ennemi fait exploser des ponts pour contrer l'avance des Alliés, Mitchell se rue sur un pont, tue trois soldats ennemis et en capture douze autres pendant que ses hommes désamorcent les explosifs installés pour détruire le pont.

À FAIRE

Mots croisés sur la Grande Guerre

HORIZONTALEMENT

1. Le général Byng a prétendu que cette bataille d'août 1918 a été « la meilleure opération de la guerre ».
3. Immense dirigeable.
7. Fusil canadien connu pour s'enrayer.
9. As de l'air canadien qui a combattu 60 avions ennemis.
14. Les Américains ont changé ce nom à « sandwich de la liberté » durant la Grande Guerre.
15. Avion avec une « bosse » qui loge les mitrailleuses.
16. Le général Samsonov s'est suicidé lorsque son armée s'est fait massacrer dans cette bataille.
17. On appelle l'Allemagne et l'Autriche-Hongrie les puissances _____.
18. Son assassinat a provoqué le déclenchement de la Grande Guerre.
22. Premier ministre canadien pendant le conflit.
23. Seule grande bataille navale de la Grande Guerre.
24. Ce dispositif a révolutionné les mitrailleuses des avions de combat aérien.
27. Péninsule où les troupes turques ont défait les alliés en 1915.
30. Ce télégramme codé invitait le Mexique à entrer en guerre.
31. Il s'est rendu célèbre sous le nom de _____ d'Arabie.
33. Ballons d'observation gonflés à l'hydrogène.
34. Meilleur As de l'air du Canada durant la Grande Guerre.
36. À cette bataille d'octobre 1917, les Canadiens ont été victimes des gaz à éternuer.
38. Général natif du Canada qui a commandé le Corps canadien durant les dernières années de la guerre.
39. Roi non couronné de la Roumanie.
40. Surnom de la 1re brigade canadienne de mitrailleurs.
41. Cette ville canadienne s'appelait Berlin avant la Grande-Guerre.
42. Le vrai nom de l'espionne Mata Hari.

VERTICALEMENT

2. Le médecin qui a composé le poème intitulé In Flanders Fields.
4. Navire de passagers coulé par un sous-marin allemand.
5. Troupe de comédiens qui divertissait les soldats canadiens sur la ligne de front.
6. Les soldats du front ouest vivaient là.
8. Les chars d'assaut ont servi dans ces batailles sanglantes de 1916 qui ont fait un million de morts et de blessés.
10. Général canadien innovateur en matière d'artillerie.
11. Canadien qui est devenu un espion célèbre et qui a inspiré le personnage de James Bond.
12. Une des premières batailles de 1914 dans laquelle le général Von Rennenkampf a eu le dessus sur les Allemands.
13. Pilote allemand surnommé le Baron rouge.
14. Ligne allemande invincible construite derrière la ligne de front.
19. À cette bataille, les Canadiens ont été victimes des gaz toxiques pour la première fois.
20. Général canadien qui a convaincu les alliés de l'importance des mitrailleuses.
21. Les puissances de la Grande-Bretagne, de la France et de la Russie.
25. Nom allemand d'un sous-marin.
26. Croiseurs allemands qui ont coulé 47 bateaux alliés.
28. Nom original du char d'assaut.
29. Les navires en formaient pour se protéger des sous-marins.
32. Titre donné à un pilote allié qui a abattu cinq avions ennemis.
35. Pays qui a créé le front est.
37. Les Canadiens ont pris cette crête en 1917.

87

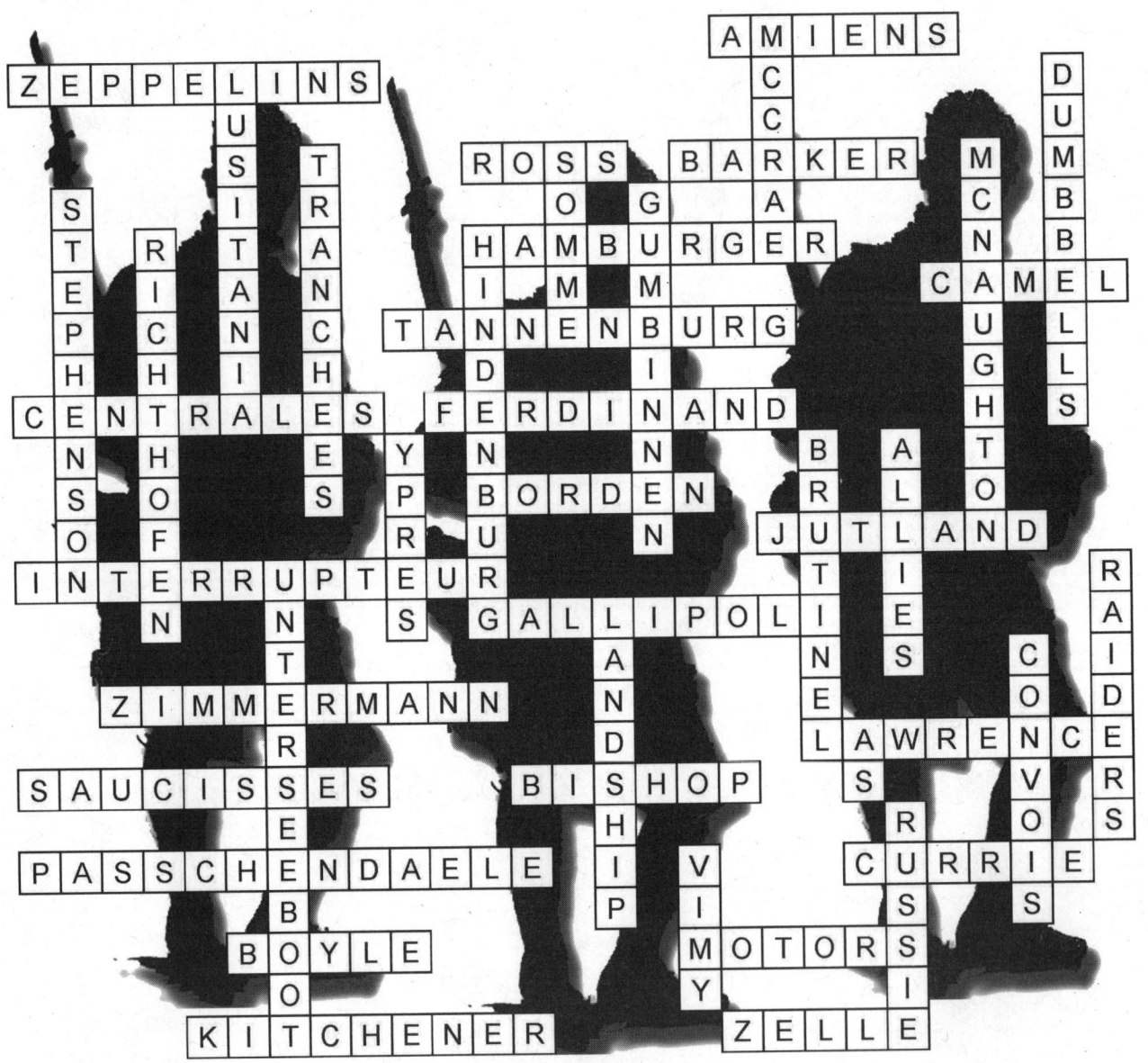

Index

Activités, 25, 34, 45, 54, 68
Adamson Mabel, 42
Afrique du Sud, 4, 5
Afrique, guerre en, 28
Albanie, 29
Alderson, Edwin, 10, 17
Algériens, soldats, 15
Allemagne, 4, 5, 26
Allemandes, forces, 7, 8, 26, 28, 29
   Voir également Batailles
Alliances, 4-5, 26
Amiens, 22, 76-78, 79
Arras, 63, 72-73
As de l'air, 57-69
Australie, 4, 5, 28, 29, 72, 73, 78
Autriche-Hongrie, 3, 4, 5, 26, 29, 30, 81
Avions de combat, 49, 57-67

Balkans, 30
Ballons, 60
Barker, Billy, 65-66
Baron rouge, 63
Batailles : Amiens, 22, 76-78, 79;
   Arras, 63, 72-73; Cambrai, 75-76, 80-81, 85; canal du Nord, 80, 81; crête de Festubert, 16; Flers-Courcelette, 20-22; crête de Frezenberg, 16-17; Givenchy, 17; Gumbinnen, 26; Hill, 70, 73-74; Jutland, 50; Le Cateau, 7, 8, 82; Lens, 76; loos, 17; la Marne, 8, 26; Neuve-Chapelle, 15; Passchendaele, 16, 73, 74-75; la Somme, 19, 21, 30; Saint-Éloi, 18-19; Tanneburg, 26, 28; Valenciennes, 82; Verdun; crête de Vimy, 72; Ypres, 8, 14, 15, 18, 19, 74.
Beaumont-Hamel, 19
Belgique, 4, 42, 80
Bethune, Norman
Bishop, Billy, 64
Bluebirds, 49
Borden, Robert, 10, 41
Bosnie, 3, 4

Boyle, Joe, 32-33
Brigade de cavalerie canadienne, 14, 75-76
Brigade de mitrailleuses motorisées, 10, 12-13, 17, 19, 24, 76-77
Brown, Roy, 63
Brutinel, Raymond, 12, 76
Bulgarie, 29, 81
Buller, H.C., 16, 19
Brusilav, Alexei, 30
Byng, Julian, 19, 70, 73, 78

Cambrai, 75-76, 80-81
Canadian Mounted Rifles, 19, 21
Canadiennes, forces, 10-14
   Voir également Batailles
Canal du Nord, 80-81
Cavalerie, 19, 14, 28, 75-76, 78-79
Cavell, Edith, 42
Changements sociaux, 41
Chars de combat, 21-22
Chine, 28
Codes, 42, 45
Colebourn, Harry, 42
Combat aérien, 49, 57-67
Combats maritimes, 47-54
Conscription, 41-42
Convois, 49, 54
Corps d'armée canadienne, 10-11
Corps médical d'armée canadienne, 10-11
Croix de Victoria, 21, 24, 25, 79, 85
Currie, Arthur, 17, 19, 73, 74, 76, 80, 81

Dardanelles, 29
Doughboys, 76, 80
Dreadnoughts, 50, 51
Droit de vote, 41
Dumbbells, 85
Égypte, 30
Enfants, travail durant la guerre, 39
Espions, 42, 43, 44, 53
Estonie, 30
États-Unis, 5, 42, 53, 70

Farquhar, Francis, 16
Femmes, travail en temps de guerre, 36, 38, 39, 40
   Voir également Droit de vote
Ferdinand, archiduc Franz, 3, 4
Festubert, crête, 16
Flandres, 8, 9, 80
Flers-Courcelette, 20-21
Flowerdew, Gordon, 79
Foch, Ferdinand, 80, 83
Fokker, triplan, 58, 63
Forces britanniques, 7, 8, 28, 29, 30, 80
   Voir également Batailles
Fort Garry Horse, 14, 75
Fowlds, Helen, 40
Françaises, forces, 7, 8, 77, 80
France, 4, 5, 26
Voir également Batailles
French, sir John, 7
Frezenberg, crête, 16-17
Front est, 26-35
Front intérieur, 36-45
Front ouest, 7-25, 26, 30, 33, 80

Gallipoli, 29
Gault, Andrew, 16
Génie d'assaut, 18
Givenchy, 17
Grande-Bretagne et empire, 4, 5, 25
Grippe espagnole, 83
Guerre des gaz, 15-16, 74
Gumbinnen 26

Haig, Douglas, 7, 16, 17, 19, 20, 72, 73, 80
Halifax, explosion, 52
Heure avancée, 41
Highlanders
   Voir Royal Highlanders
Hugues, Sam, 10, 57

89

Immelman, Max, 61
Impôt sur le revenu, 41
In Flanders Fields, 23
Inde, 4, 5, 28, 29, 30
Infirmières, 40
Infirmières militaires canadiennes, 40
Italie, 29

Japon, 28
Jellicoe, John, 50
Jutland, 50

King Edward's Horse, 14
Kitchener, lord, 53
Kitchener, Ontario, 53

Lawrence d'Arabie, 30
Le Cateau, 7, 8, 82
Lénine, Vladimir, 32
Lens, 76
Lettonie, 30
Ligne Hindenburg, 70, 72, 79, 85
Lipsett, L.J., 19
Lituanie, 30
Llandovery, château, 52
Loi des élections en temps de guerre, 41
Loi sur le service militaire, 41-42
Longboat, Tom, 22
Loos, 17
Lord Strathcona's Horse, 14, 23, 78-79
Lusitania, 53

Main noire, 3, 4
Mannock, Mick, 67
Marine, 44, 47, 50-51
Marine royale du Canada, 47
Marne, 8, 26
Mata Hari, 43
McNaughton, Andrew, 13-14, 82
McRae, John, 23
Mercer, M.S., 19
Mésopotamie, 30

Mexique, 42, 53
Mitchell, C.N., 85
Mons, 7, 82
Morts et blessés canadiens, 21, 41, 72, 78, 81, 83, 84
Moyen-Orient, 29

Navires de guerre, 48, 49, 51, 52, 59
Neuve-Chapelle, 15
Niven, Hugh, 16
No man's land, 8, 9, 23
Nouvelle-Zélande, 5, 28, 29

Ordre de Victoria, infirmières, 40

Pacifique, océan, combats, 28
Palestine, 30
Passchendaele, 16, 73, 74-75
Pegahmagabow, Francis, 84
Pigeons, 44
Plunkett, Merton, 85
Pologne, 28, 30
Princess Pats, régiment, 10, 12, 16, 18, 19, 41, 70
Princip, Gavrilo, 4
Puissances alliées, 5, 26, 28, 29, 30
Puissances centrales, 5, 13, 26, 28, 29, 30, 42

Révolution communiste, 32, 33, 70
Richardson, James, 21
Ross, fusil, 12, 15
Roumanie, 32, 33
Royal Canadian Dragoons, 14
Royal Canadian horse Artillery, 10, 14
Royal Flying Corps, 44, 60, 63, 64
Royal Highlanders, 21, 82
Russes, forces, 26, 28, 30, 32
Russie, 4, 5, 26, 39; révolution, 32, 70
Rutherford, Charles, 85

Saint-Éloi, 18-19
Samsonov, Alexander, 26, 28

Sarajevo, 3, 4
Scheer, Reinhardt, 50
Seely, J.E.B., 14, 17
Serbie, 3, 4, 29
Smellie, Beth, 40
Smith-Dorrien, Horace, 7
Soldat, entraînement et équipement, 10, 12
Somme, 19, 21
Sopwith Camel, 49, 58, 64
Sous-marins, 48, 49, 51, 52, 59
Steele, Sam, 23
Stephenson, William, 44
Strachan, Harcus, 75, 76

Tannenburg, 26, 28
Terre-Neuve, 5; régiment, 19
Tranchées, guerre des, 8-10
Travail des femmes en temps de guerre, 36, 38, 39, 40
Trêve de Noël, 2
Tsar Nicolas, 32
Turquie, 29, 30, 81

Usines de munitions, 38
Usines, en temps de guerre, 36, 38
Valenciennes, 82
Verdun, 19, 30, 58, 70, 82
Versailles, traité de, 83
Vimy, crête de, 72
Von Rennenkampf, Paul, 26, 28
Von Richthofen, Manfred, 63

Weddigen, Otto, 51
Williams, Victor, 19
Winnie l'ourson, 42
Women's Auxiliary Army Corps, 39

Ypres, 8, 14, 15, 18, 19, 74
Yukon machine Gun Battery, 32

Zeppelins, 59
Zimmermann, télégramme, 42, 53